¡BAJO SU SOMBRA!

VOLUMEN 2

por David Mayorga

SHABAR PUBLICATIONS
www.shabarpublications.com

La mayoría de los productos de Shabar Publications están disponibles con descuentos especiales por cantidad compra para promociones de ventas, recaudación de fondos y necesidades educativas.

Para más detalles, escriba Publicaciones Shabar en mayorga1126@gmail.com.

¡Bajo Su Sombra! Volumen 2 por David Mayorga
Publicado por Publicationes Shabar
3833 N. Taylor Rd.
Palmhurst, Texas 78573
www.shabarpublications.com
www.masterbuildertx.com

A menos que se indique lo contrario, todas las citas de las Escrituras son de la versión de la Biblia de New Kings James. Copyright@1979, 1980, 1982 por Thomas Nelson, Inc., editores. Utilizado con permiso.

Editado y Traducido por Jessy Hernandez

ISBN 978-1-955433-10-5

Tabla de Contenido

Introducción

"¡Viento del norte, despierta!
¡Viento del sur, ven acá!
Soplen en mi jardín;
¡Esparzan su fragancia!" (Cantares 4:16)

Después de escribir mi primer volumen, Escritos bajo su sombra, me sentí inspirado por el Espíritu Santo para continuar desarrollando material que surgió de los tiempos de oración y ayuno.

No quiero sonar como un gurú espiritual, místico o diferente, pero permítanme decir que hay pensamientos y revelaciones que Dios da a Sus siervos en diferentes momentos de sus vidas por distintas razones.

Verdadera y profundamente me siento como un jardín ante el Señor. Hice de Cantares 4:16 mi oración: ¡Viento del norte, despierta! ¡Viento del sur, ven acá! Soplen en mi jardín; ¡esparzan su fragancia!

Tenía el deseo de profundizar más con Dios, así que puse mi corazón y mi mente a ayunar durante cuarenta días y noches en la última temporada. Mi experiencia con Dios fue increíble, tanto que he adoptado con más fervor una vida de oración y ayuno.

Fuera de mis momentos de tranquilidad, me di cuenta de que el Señor comenzó a compartir algunas cosas interesantes conmigo. Esta es una de las razones por las que decidí continuar escribiendo durante los tiempos de ayuno y oración; y así es como realmente nació la idea de escribir estos volúmenes.

Estoy escribiendo una serie de tomos llamados Bajo Su Sombra—, para comunicar lo que el Espíritu de Dios me está diciendo proféticamente durante estos tiempos de separación y consagración a través del ayuno y la oración, esa es verdaderamente la meta y misión de estos escritos.

Que tu corazón sea enriquecido, y que el Señor te dé poder en tu hombre interior, mientras anhelas un mayor toque de Dios en tu propia vida.

- David Mayorga, *Autor*
McAllen, Texas

Día 1

No Importa Que - ¡No Te Desanimes!

"Por lo cual, no desmayamos; sino que, aunque este nuestro hombre exterior va decayendo, el interior, no obstante, se renueva de día en día." (2 Corintios 4:16)

Permítanme comenzar mis escritos diciendo que el desánimo es algo común que les sucede a todos los creyentes. Tú y yo nos desanimaremos en varios momentos, sí, nos desanimaremos por muchas cosas externas que enfrentaremos. ¡Amigos míos, esa es la realidad!

¿Qué hacemos cuando nos enfrentamos a esta situación en nuestra vida, cuando todo lo que vemos es oscuridad, soledad y un sentimiento terrible de desesperación? Seguro que muchos pensamientos cruzan por nuestra mente durante estos oscuros momentos.

Yo creo que las aflicciones sí vienen, y cuando vienen, ¡debemos saber hacernos las preguntas correctas antes de reprender a las personas, a las situaciones y hasta al mismo diablo! Es una tendencia tan natural reprender rápidamente todo lo que es negativo sin pensarlo mucho. Cuando llega el dolor, todo lo que podemos pensar es simplemente en sobrevivir.

Créeme, te entiendo. ¡Lo entiendo! ¡He estado en este lugar donde todo lo que quiero es que el dolor se vaya y desaparezca! Creo que esta es la principal razón por la que los creyentes adoptan una doctrina de indolencia y prosperidad. No es que me guste el dolor, ¡pero quiero ver el rostro de Jesús en medio del fuego!

"Si alguno viene a mí, y no aborrece a su padre, y madre, y mujer, e hijos, y hermanos, y hermanas, y aun también su propia vida, [en el sentido de indiferencia o desprecio relativo hacia ellos en comparación con su actitud hacia Dios] — **no puede ser mi discípulo.**" (Lucas 14:26.)

Al enfrentar la aflicción, recuerda, Dios está moldeando nuestras vidas a Su semejanza. No es lo que tú y yo queramos; ¡Siempre es lo que Él desea para nosotros!

Descubrí un secreto para superar algunos de los momentos más cruciales de la vida. Permítanme compartirlo con ustedes.

Cuando enfrente adversidad, un desafío, una prueba, antes de actuar de cualquier manera, tómese el tiempo para buscar el rostro de Dios. Lo siguiente es lo que uno debe pedir al Espíritu Santo: ¿Por qué me está pasando esta situación? Sea honesto con Dios. Si hay pecado en su vida, este es tu momento de confesarse. ¡Corre al asiento de la misericordia!

Ahora, si no hay ningún pecado conocido que estés cometiendo, concluye que Dios está desarrollando una obra muy necesaria en tu vida y carácter.

¡Hora de Sentarse Bajo Su Sombra y Aprender!

1. ¿Alguna vez te has sentido desanimado? Comparte tu experiencia con el grupo.

2. Durante tu tiempo de desánimo, ¿qué acciones tomaste para estar en sintonía con Dios?

3. ¿Te has preguntado alguna vez si lo lograrías? ¿Dudaste de Dios en todo tu sufrimiento? Sea honesto con el grupo y comparta.

4. A veces Dios pondrá en espera todo lo que quieres hacer. ¿Alguna vez has experimentado esto? Estos tiempos de espera nos enseñan a tener paciencia y diligencia. Comparta con el grupo la última vez que Dios permitió que esto sucediera en su vida.

5. Cuando seas probado, no tengas miedo de preguntarle a Dios por qué ha permitido esta situación en tu vida. ¡La respuesta podría sorprenderte! ¿Alguna vez Dios te ha contado por qué tuvieron lugar ciertas

experiencias en tu vida? Comparte esto con el grupo.

Día 2

¡Renovado Día a Día!

"Por lo cual, no desmayamos; sino que, aunque este nuestro hombre exterior va decayendo, el interior, no obstante, se renueva de día en día." (2 Corintios 4:16)

Con frecuencia me he preguntado acerca de este versículo y cómo el apóstol Pablo hizo esta declaración con tanta autoridad.

La declaración de Pablo me ha cambiado la vida. El Apóstol Pablo era un hombre de Dios. Creyó ser llamado por Dios para la obra de apóstol. Plantó iglesias, estableció obreros y enfrentó muchas pruebas durante su servicio a Dios.

No podría hablar como Pablo, porque sería un tonto.

Pero Pablo podía hablar con tanta autoridad sobre lo que significaba "no desmayar". Podía decir con autoridad y poder convincentes: **"... aunque nuestro hombre exterior se va desgastando, el interior no obstante se va renovando..."**

Es cierto que en base a todos los desafíos que él y su equipo apostólico experimentaron, estaban pereciendo exteriormente. Sin embargo, al mismo tiempo, Pablo dijo: "... el hombre interior se renueva de día en día". ¿Cómo llegamos a ser renovados día tras día?

Tú y yo estaremos para siempre a prueba por el Espíritu Santo; seremos desafiados diariamente a crecer y madurar en la plenitud de Cristo. Entonces, ¿cómo nos mantenemos cuerdos en nuestro esfuerzo por complacer a Dios con todo lo que Él nos ha dado?

Esto es lo que he descubierto cuando se trata de renovarnos a nosotros mismos en Dios:

Primero, la renovación comienza con la comprensión

de que necesitamos ser renovados en la vida de Dios. ¿Cómo hacemos esto? Uno debe venir a Dios y decir "Señor, soy polvo. Si no derramas tu agua, (el Espíritu Santo) permaneceré inalterable en forma. Necesito que me inundes con tu Espíritu. Deja que los ríos fluyan de mí hoy". Amén."

En segundo lugar, debemos reconocer que nos estamos muriendo debido a la edad sin mencionar que nuestros cuerpos se están desgastando lentamente. A esto decimos: *"Gracias Dios por permitirme servirte con este cuerpo en descomposición. Sin embargo, no es con ejército, no con poder, sino con Tu Espíritu que te sirvo. ¡Ven e inúndame como la lluvia otra vez hoy!"* Amén.

La renovación día a día debe ser intencional. Debemos buscar a Dios diariamente para la renovación. La renovación puede comenzar en un servicio de domingo por la mañana o en alguna reunión especial de oración, pero debe ser cultivado y mantenido por la ¡práctica diaria!

¡Hora de Sentarse Bajo Su Sombra y Aprender!

1. ¿Alguna vez has leído porciones de las Escrituras que penetraron tan profundamente en la médula espiritual de tu hueso que produjeron un cambio poderoso en ti? Compartan su experiencia con el grupo.

2. **"...aunque el hombre exterior se va desgastando..."** ¿Qué significa esto para usted? Discuta esto con su grupo.

3. Renovarse día a día es una forma práctica de volver a encender tu fuego por Dios. ¿Has experimentado frialdad, indiferencia o retroceso en tu caminar con el Señor?

4. Si has caído del lugar donde Dios te puso, ¿Cómo regresaste? Comparte con el grupo.

5. En la devoción anterior, hay una línea que dice: "La renovación día a día debe ser intencional".

¿Qué hace esto significa para ti? Comparte esto con el grupo y verás si alguien necesita renovar su corazón para Dios hoy.

Día 3

¡Darse Cuenta de Que Nuestra Vida Ya No Es Nuestra!

"Y por todos murió, para que los que viven, ya no vivan para sí, sino para aquel que murió y resucitó por ellos." (2 Corintios 5:15)

Vivir esta vida que Dios nos dio sin saber que fuimos creados por Dios y para Dios puede ser un camino muy solitario en la vida. Hacer el esfuerzo diario para hacer algo con la vida sin Dios es un trabajo duro.

A menudo me he preguntado acerca de las personas que trabajan de 8 a 10 horas al día: ¿Qué estarían haciendo si no tuvieran este trabajo? ¿Dónde gastarían su tiempo y esfuerzo? ¿Crees que estarías dormido y con la esperanza de que el tiempo se te pase volando hasta que veas tu próximo programa de televisión? ¿Lo pasarías tranquilamente? ¿Te la pasarías en depresión?

Cuando no sabes lo que no sabes, ¡puede ser un viaje emocional muy deprimente!

Ahora bien, si nos damos cuenta de que Cristo ha muerto por nosotros, al menos ahora podemos aventurarnos y descubrir por qué hizo este acto de bondad y misericordia.

En nosotros, estamos limitados a conocer la voluntad de Dios. Ahora, si entramos en Su vida, descubriremos nuestro destino. Verás, vivir para nosotros (nosotros mismos) es en realidad una forma limitada de ver y vivir la vida. Cuando descubrimos que Cristo murió por todos nosotros para que podamos vivir verdaderamente, entonces comenzamos a ver nuestro futuro desplegarse.

La Escritura dice: **"que los que viven, ya no vivan para sí, sino para aquel que murió y resucitó por ellos"**.

¡Ya No Más Para Ellos Mismos!

¡La voluntad de Dios comienza cuando entendemos que ya no debemos vivir para nosotros mismos, sino para Él! Todos los planes de Dios se ponen en marcha cuando se toma esta decisión. Es posible que hayan sucedido muchas cosas en nuestra vida hasta este momento, pero no es hasta que nuestro conocimiento y comprensión de por qué Dios murió por nosotros aumenta, que nuestra vida comienza a tomar forma: ¡a la manera de Dios!

Es hora de darnos cuenta de que a través de la cruz de Cristo, Dios abrió una puerta para que entremos. ¡Aquellos que han entrado han comenzado a ver de qué se trata la vida y el vivir! La Escritura dice: **"En él estaba la vida, y la vida era la luz de los hombres."** (San Juan 1:4)

¡Es tiempo de comenzar a vivir para Él!

¡Hora de Sentarse Bajo Su Sombra y Aprender!

1. ¿Alguna vez te has preguntado por qué Cristo murió por ti? ¿Fue solo para ser salvado o hay algo mucho más profundo que eso? Comente este punto con el grupo.

2. Para algunos, un trabajo los hace felices, pero para otros, un trabajo es algo duro. Muchos trabajan para alejarse de casa, mientras que otros trabajan para pagar sus facturas. ¿Por qué trabajas? Discuta este punto con el grupo.

3. ¿Es tu vida una vida alegre? ¿Por qué si o porque no? Comparte y discute con el grupo.

4. La Escritura en 2 Corintios 5:15 hace una declaración audaz con respecto a vivir tu vida para Dios. ¿Ha aceptado lo que Cristo ha hecho por usted y está siguiendo Su voluntad para su vida? Comparta su propia experiencia con el grupo.

5. La Escritura en Juan 1:4 dice que "en Él estaba la vida". ¿Crees en tu corazón que has entrado en

esta vida y que ahora estás viviendo Su destino? Comparte con el grupo.

Día 4

¡Adrenalina del Espíritu Santo!

"Pero tenemos este tesoro en vasos de arcilla, para que la excelencia del poder sea de Dios, y no procedente de nosotros." (2 Corintios 4:7)

A medida que aprendamos a rendirnos con mayor plenitud al Señor o a rendir nuestra vida en mayor grado, comenzaremos a experimentar mayores revelaciones de nuestro propósito en la asignación que Dios nos ha dado.

Mientras pasaba algún tiempo en oración y ayuno hoy, escuché al Señor hablarme muy claramente en esta Escritura en 2 Corintios 4:7. Escuché al Señor hacerme una pregunta y decir: David, ¿crees que puedo usarte para tener un gran impacto en el mundo?

Mientras meditaba en estas palabras, tuve que prestar más atención a lo que Dios realmente me estaba diciendo. Le respondí al Señor, ¡Por supuesto que creo que puedes usar mi vida para un mayor impacto!

A mi respuesta, el Señor dijo: Debes conocer la clave número uno que requiero para un mayor impacto.

¿Cuál es Señor? Le pregunté.

El Señor me contesto: ¡Debes saber que todo lo que hago en ti es por Mi poder, no por el tuyo!

¡No por fuerza ni por poder, sino por el Espíritu Santo!

A menudo, he escuchado estas palabras, pero nunca presté mucha atención a lo que realmente significa. Esto es lo que creo que el Señor quiere que entendamos:

El poder de Dios nos es liberado por Su Espíritu que vive dentro. Su Espíritu vivifica y acelera nuestra carne mortal. ¡Libera en nuestro torrente sanguíneo espiritual, confianza, fe y la voluntad de actuar sobre lo que se nos ha mostrado! Es como adrenalina en nuestro cuerpo, excepto en un sentido espiritual.

¿Qué Es La Adrenalina?

Es una hormona secretada por las glándulas suprarrenales, especialmente en condiciones de estrés, aumentando la circulación sanguínea, la respiración y el metabolismo de los carbohidratos y preparando los músculos para el esfuerzo. No tiene que presionar un interruptor, el cuerpo simplemente reacciona y ¡sucede! ¿Qué le hace la adrenalina a nuestro cuerpo?

Las acciones clave de la adrenalina incluyen aumentar la frecuencia cardíaca, aumentar la presión arterial, expandir los conductos de aire de los pulmones, agrandar la pupila en el ojo, redistribuir la sangre a los músculos y alterar el metabolismo del cuerpo para maximizar los niveles de glucosa en la sangre (principalmente para el cerebro).

Es casi como convertirse en un súper-humano cuando nos sucede esto. ¿Has experimentado esto en tu vida? Bueno, en el sentido espiritual, es lo mismo: somos vivificados y alterados por el Espíritu Santo para hacer grandes proezas.

Siempre debemos recordar esto: ¡el deseo del Señor es que lo reconozcamos obrando en nosotros y a través de nosotros!

¡Hora de Sentarse Bajo Su Sombra y Aprender!

1. La idea de recibir una asignación viene de Dios. Es a través de Su Espíritu Santo que la obra de Dios debe llevarse a cabo. Discute con tu grupo sobre la tarea que Dios te ha dado y haz que otros también compartan sus tareas.

2. Dios toma nuestra habilidad humana y luego la altera por Su Espíritu. ¿Te ha llamado Dios a hacer una tarea especial para la que sentiste que no estabas preparado? Comparte con el grupo.

3. ¿Has estado en un lugar donde sentiste que si Dios no aparecía, fracasarías? Comparte con el grupo.

4. En la Escritura, ", para que la excelencia del poder sea de Dios, y no procedente de nosotros. ¿Qué significa para ti? Discuta los diferentes puntos de vista con su grupo.

5. ¿Estás listo para que Dios libere este poder en ti? Recorra el grupo y pregunte quién está listo para que la mano de Dios esté sobre ellos para el servicio. Oren unos por otros con este pensamiento en mente.

Día 5

¡El llamamiento de Cristo: Sobre Convertirse en Representante de Dios!

"Así que, somos embajadores en nombre de Cristo, como si Dios exhortase por medio de nosotros; (como representantes personales de Cristo) os rogamos en nombre de Cristo: Reconciliaos con Dios." (2 Corintios 5:20)

El llamado de cada creyente nacido de nuevo se puede encontrar en San Mateo 22:37-40. Esto es lo que Jesús expuso tan enfáticamente: **"Jesús le dijo: Amarás al Señor tu Dios con todo tu corazón, con toda tu alma, y con toda tu mente.**
Éste es el primero y gran mandamiento.
Y el segundo es semejante: Amarás a tu prójimo como a ti mismo De estos dos mandamientos dependen

toda la ley y los profetas."

¡Déjame empezar diciendo que una persona no puede dar lo que no tiene! No pueden hablar de algo (con total autoridad y seguridad) que ellos mismos no hayan experimentado.

Piense en un vendedor que hace todo lo posible por venderle equipo de pesca, pero ¿y si él mismo nunca hubiera ido a pescar? ¿Qué sugeriría como cebo en un estanque de agua dulce o en la pesca en aguas profundas? Ni siquiera sabría qué horas son las mejores para pescar, ya sea por la mañana o por la noche.

¡Lo mismo ocurre con aquellos que tienen religión pero nunca se han encontrado con el Cristo vivo! ¿Cómo serías capaz de compartir sobre el perdón, la misericordia y la gracia, si nunca los has experimentado? ¿Cómo podrías decir que Él salva al máximo si todavía no te ha salvado? ¿Lo ve?

Embajadores de Cristo

En esta devoción de hoy, quiero sacar a relucir el corazón detrás de una venta. La Escritura dice que Dios está haciendo Su llamado a través de nosotros. Para que esto suceda, debemos entrar en el corazón de Dios, ¡y Él debe entrar en el nuestro! No hay otra manera de experimentar a Dios sino a través de este poderoso y amoroso intercambio.

Una vez que experimentemos su amor y misericordia, estaremos listos para compartir esa misma experiencia de integración con los demás. ¡No solo lo sabremos por nuestra propia experiencia, sino que también habremos probado la bondad del Señor y descubierto de primera mano que el Señor es bueno!

¿Cómo podemos hablar de la bondad del Señor si no lo hemos probado nosotros mismos?

¡Hora de Sentarse Bajo Su Sombra y Aprender!

1. ¿Alguna vez ha sido vendedor de algún producto? Compártelo con el grupo.

2. Cuando te convertiste en vendedor, ¿te capacitaron sobre el producto? ¿Cuál era el producto y qué les enseñaron? Comparte con el grupo.

3. ¿Sabías que cuando naciste de nuevo, también te convertiste en embajador de Cristo? ¿Cuál es su descripción de un embajador? Debata con el grupo.

4. Conocer al Señor íntimamente te da autoridad y conocimiento de quién es Dios. Una vez que sepa quién es Él para usted, podrá compartirlo con otras personas que no lo conocen.

5. ¡Haz que tu objetivo sea ser un embajador de Jesús! Lleva las buenas nuevas del evangelio del reino contigo a donde quiera que vayas (esto incluye tu casa, tu trabajo, tu escuela, de vacaciones, etc.). Si no eres tú, ¿entonces quién? Si no es ahora, entonces ¿Cuándo?

Día 6

¡Cómo No Teniendo Nada, Mas Poseyéndolo Todo!

"…Como no teniendo nada, mas poseyéndolo todo."
(2 Corintios 6:10)

"Y Jehová dijo a Abram, después que Lot se apartó de él: Alza ahora tus ojos, y mira desde el lugar donde estás hacia el norte y el sur, y al oriente y al occidente. Porque toda la tierra que ves, la daré a ti y a tu descendencia para siempre. Y haré tu descendencia como el polvo de la tierra; que si alguno puede contar el polvo de la tierra, también tu descendencia será contada. Levántate, ve por la tierra a lo largo de ella y a su ancho; porque a ti la daré." (Génesis 13:14-17)

Permítanme comenzar diciendo que si usted tiene a

Jesús, ya sea que lo sepa o no, ¡lo tiene todo!

El mundo ve las cosas exteriores como importantes y valiosas; pero la persona espiritual ve la vida como un regalo de Dios. Si el Señor dio vida, entonces concluimos que Él también la mantendrá en marcha, hasta que haya cumplido Su plan.

Veamos algunas cosas y meditemos sobre estas formas de pensar.

Para empezar, echemos un vistazo a la vida del apóstol Pablo. Una vez tocado por el Señor, Pablo se enfureció para convertir al mundo entero en seguidores de Jesús. ¡Él no consideró Su vida y todos sus inconvenientes como estorbos u obstáculos en su empeño! Pablo consideraba todas las cosas como pérdida por causa de Cristo.

Además, centrémonos en la vida de Abraham cuando permitió que su sobrino Lot eligiera qué pedazo de tierra quería tomar.

Aunque Abraham fue el llamado y debería haber tenido la primera opción en la elección, ¡permitió que su sobrino Lot fuera primero! Así de valor le dio Abraham al materialismo (tierras y cosas) que permitió que su sobrino fuera primero.

Cuando conocemos al Señor de una manera íntima, conoceremos secretos y tendremos una visión de la que nadie tiene idea. ¡Esta es una mentalidad asombrosa!

Creo que, en consecuencia, cuando permitimos que las cosas materiales se apoderen de nuestro corazón, paralizarán nuestra capacidad de agradar a Dios. Esta mentalidad esclavizante del materialismo impacta nuestra vida de fe como ninguna otra cosa. Cuando comenzamos a inclinarnos ante nuestra naturaleza inferior (naturaleza carnal) y prestamos atención a lo que vemos, sentimos o escuchamos, y no vemos la vida desde la perspectiva de Dios, terminaremos estancando e incluso abortando el plan de Dios para nuestra vida. Vive todo junto.

¡Hora de Sentarse Bajo Su Sombra y Aprender!

1. Al leer las palabras, "...como si no tuviera nada, pero poseyéndolo todo". (2 Corintios 6:10) ¿Cuál es su interpretación de esto? Discuta con su grupo de estudio.

2. Cuando escuchas materialismo, ¿qué te viene a la mente? Discutir con el grupo.

3. En Génesis 13:14-17, Abraham nos enseñó a todos una gran lección(es). ¿Qué lecciones te enseñó Dios en esta lectura? Comparte con un grupo y discute.

4. ¿Alguna vez te has visto obstaculizado por una mentalidad materialista? ¿Cómo obstaculizó tu vida? Comparta con el grupo y discuta.

5. ¿Estás dispuesto a perderlo todo para tener más de Jesús en tu vida? Si su respuesta es un sí sincero, comparta con el grupo cómo vivirá esto a diario.

Día 7

¡Es Hora de Dar un Paso Adelante!

"...El que anda con sabios, sabio será..." (Proverbios 13:20)

Hay veces que nos decimos, ¡necesito cambiar! ¡O necesito hacer más de esto y menos de aquello!

Creo que la mayoría de nosotros deseamos el bien más elevado en la vida. Realmente deseamos ser el mejor padre, madre, hijo, hija, empleado, pastor, servidor, etc. Todos tenemos esta gran expectativa hasta cierto punto.

Ahora, con respecto a todas estas diferentes aspiraciones, debemos cambiar para satisfacer la demanda que queremos ver. Desear resultados distintos sin cambiarnos a nosotros mismos, sólo nos dará más de lo mismo. Pensar que nuestra vida se verá alterada con solo desearlo, es exponernos a grandes desilusiones.

En las palabras del rey Salomón, enseña que "El que anda con sabios, sabio será"

Es interesante ver cómo los sabios son más particulares en la forma en que piensan, hablan y actúan. Cuando conozcas a una persona sabia, sabrás que es sabia. No tienen que usar una camiseta que diga: "¡SOY SABIO!" No tienen que usar una tonta gorra que diga: "¡Estoy lleno de sabiduría!" tu solo sabes.

Mi consejo es que cuando conozcas a una persona sabia, hagas todo lo posible por conocerla y entablar amistad con ella. Te llevará a un reino más alto en tus esfuerzos.

El Necio

Lo que es sorprendente para mí es que lo contrario también es cierto.

El necio, también, es muy particular en la forma en que piensa, habla y actúa. ¡Él no puede ayudarse a sí mismo a salir de una bolsa de papel! Él solo encuentra negatividad en todos los lugares a los que se dirige; todo es caótico, todo sale mal, y parece (y tal vez solo soy yo pensando en esto) pero todo lo que toca, ¡lo destruye! Tal vez un poco de exageración, pero solo un poco.

¿Conoce personas como la que estoy describiendo aquí? Creo que sí.

Ahora, por favor comprenda que no estoy criticando al necio, Dios sabe que hemos hecho nuestra parte de cosas necias. ¡Pero hacer una necedad no te convierte en un necio, sino que un estilo de vida de decisiones tontas te dará el trofeo del tonto! Básicamente estoy diciendo todo esto para generar el contraste entre una persona sabia y una necia.

¿Adivina qué? Podemos elegir quién queremos ser: una persona sabia o necia. ¡La verdadera belleza de todo esto es que tenemos la oportunidad de elegir qué tipo de futuro queremos tener!

¡Hora de Sentarse Bajo Su Sombra y Aprender!

1. ¿Aspiras a cambiar cosas en tu vida, ya sean naturales o espirituales? Si lo haces, comparte con tu grupo.

2. ¿Qué cambios significativos has hecho en los últimos 6 meses? Sería bueno hacerlo abiertamente con el grupo y permitir que Dios hable mientras compartes.

3. ¿Puedes describir la diferencia entre una persona sabia y una necia? Discutir esto en formato de grupo

4. ¿Has hecho locuras que han tenido graves consecuencias para usted o su familia, etc.? Por favor comparte con el grupo.

5. ¿Estás dispuesto a pagar el precio y volverte

sabio por causa del reino de Dios? Comparte con el grupo.

Día 8

¡No Seas un Compañero Estúpido!

"...Mas el que se junta con necios se echa a perder..."
(Proverbios 13:20)

Al meditar en este versículo durante los últimos dos días, realmente he estado inculcando esta palabra específica en mi corazón y espíritu. La necesidad de ser sabio o más sabio es ahora: evitar la tontería debe ser una de nuestras principales prioridades hoy, ¡especialmente cuando vemos que el mundo se convierte en caos!

Mientras reflexionaba sobre qué tipo de hombre quiero convertirme, también me enfrento al desafío de la persona en la que no quiero convertirme: el necio.

En mi devoción de hoy, quiero presentar varias características del necio. ¡Rezo para que podamos ver a través de mis simples palabras y aceptar la realidad de lo que realmente significa ser un necio y, con suerte, no terminar como uno!

Un Tipo Estúpido

Cuando le decimos estúpido a alguien, le estamos diciendo literalmente que es un tonto. Ahora bien, ¿realmente son tontos? Quizás no saben lo que no saben y hablan cosas de las que no tienen conocimiento. Es una posibilidad.

Sin embargo, los necios son muy distintos en naturaleza y carácter. Déjame darte algunos rasgos notables en la vida de un tonto:

El necio odia el conocimiento [Proverbios 1:22]. No quiere saber más de lo que sabe. Por lo general, está satisfecho con su propia visión del mundo y lo que ve y piensa, ¡es lo que es! ¡El simple hecho de que no verá más allá de su propio punto de vista lo está preparando para cometer cosas tontas repetidamente!

El necio NO se deleita en el entendimiento [Proverbios 18:2]. Otra cosa interesante sobre un tonto es que, aunque no sabe lo que debería saber, ¡cree que sabe! ¿Esto tiene sentido?

El necio hace travesuras por deporte [Proverbios 10:23]. ¿Cuál es la travesura? Incitar a la maldad y reírse de ella. El necio obtiene su gozo de incitar a la maldad. ¡Le emociona ver a otros fracasar, perder o caer en desgracia!

El necio proclama con su corazón [Proverbios 12:23], ***con su boca*** [Proverbios 15:2] ***y se alimenta de ello*** [Proverbios 15:14].

¡Obviamente, el tonto se consume con este estilo de vida que le sale, sí, por el corazón, por la boca, y se alimenta de eso para colmo!

¡Hora de Sentarse Bajo Su Sombra y Aprender!

1. Como grupo, pasen un tiempo meditando sobre esta palabra. ¿A qué tipo de hombre o mujer quieres parecerte en tu vida?

2. ¿Alguna vez has llamado estúpida a una persona? ¿Sabías lo que significaba la palabra estúpido? Comparte con el grupo.

3. En esta devoción, se ha presentado un bosquejo de lo que parece un tonto. ¿Conoces algún tonto en tu vida?

4. A medida que camina con Dios, ¿cuáles son algunas de las cosas que puede hacer para asegurarse de no caer en la categoría de tonto? Comparte con un grupo.

5. La Biblia dice que el temor del Señor es el principio de la sabiduría. Temiendo (reverenciando) al Señor es donde todo comienza. ¿Está usted caminando

en santa reverencia hacia Dios? Comparte con el grupo.

Día 9

¡Por Su Bien!

"Porque ya conocéis la gracia de nuestro Señor Jesucristo, que por amor a vosotros se hizo pobre, siendo rico, para que vosotros fueseis enriquecidos con su pobreza." (2 Corintios 8:9)

Aprender a vivir ya ser como Jesucristo nuestro Señor es el mayor reto para cualquier discípulo suyo. Jesús es el ejemplo de cómo hay que vivir y actuar en esta tierra.

Meditando sobre este único versículo, el Espíritu Santo nos recuerda cómo Cristo mismo no hizo las cosas para su propio beneficio, sino que buscó siempre agradar al Padre. Su meta era primero hacer todo lo que el Padre quería que hiciera, y segundo, compartir Su vida con todos los que no teníamos esperanza; ¡nosotros que estábamos perdidos y deshechos sin Dios!

¡Regalando Sus Riquezas!

Un hecho interesante acerca de Cristo fue que, aunque era rico y realmente tenía necesidad de cualquier cosa, ¡todavía decidió dar su vida como rescate por nosotros que no teníamos esperanza! ¡Esto es amor! Cristo no vino al mundo para aumentar su población, ¡vino al mundo con la intención de cambiarlo! ¡Fue enviado con una pasión ardiente y una misión para buscar y salvar a los que estaban perdidos!

Para poder hacer lo que hizo Cristo, primero hay que entregar su buen nombre, sus tesoros y su estilo de vida ya establecido. Es necesario entregarse en las manos de Dios y dejar que Él te use como Él quiere.

Renunciar a todo lo que eres y todo lo que esperas llegar a ser en el futuro, no es algo fácil de hacer. De hecho, ¡pocos hacen esto! Servir a Cristo tiene en su fibra espiritual la necesidad de regalar tus riquezas para que otros sean ricos. Es un estilo de vida que se centra más y más en los demás y su bienestar espiritual, que en tus propios planes y ambiciones.

La Escritura dice algo poderoso: **"...Jesucristo, que por amor a vosotros se hizo pobre, siendo rico..."**

¿Entiende esto? Ser como Jesús implica una vida de entrega por los demás. Ahora bien, yo no creo que uno deba vaciar su cuenta bancaria para que esto sea posible. Creo que las Escrituras mencionan esta vida de entrega más como un principio de entregar su vida a Dios (lo que sea que eso implique) por el bien de los demás, ¡para experimentar el poder del Cristo vivo en ellos, a través de su testimonio!

A medida que abrimos nuestras vidas al Señor, pídale que le dé una visión de quién es Cristo realmente y de lo que le está llamando a hacer a nivel personal.

¡Hora de Sentarse Bajo Su Sombra y Aprender!

1. ¿Es usted un discípulo del Señor Jesús? Si te consideras un discípulo, ¿cuáles has encontrado como los mayores desafíos al seguirlo? Comparta y discuta con su grupo de estudio.

2. ¿Alguna vez has sido desafiado por el Señor a dar algo (dinero, tiempo, otros recursos, etc.)? Comparte con el grupo.

3. ¿Actualmente estás viviendo una vida llena de pasión por Jesús? ¿Te ha desafiado a dar más de ti mismo de lo que ya tienes? Comente este punto con el grupo.

4. Todo lo que hacemos para Jesús, es para el bien de los demás. ¿Cómo te afectan estas palabras, "por el bien de los demás"? Debata con el grupo.

5. ¿Qué te está llamando el Espíritu Santo a hacer mientras sigues a Cristo con todo tu corazón? Comparte esto con el grupo.

Día 10

¡La Prueba de la Cruz!

"Encomienda a Jehová tus obras, Y se realizarán tus proyectos." (Proverbios 16:3)

Mientras pasaba tiempo en oración hoy, me encontré con esta porción de las Escrituras en Proverbios 16:3. Una interesante revelación que el Espíritu Santo me hizo ver hoy fue la palabra comprometerse. Comprometerse, en su significado hebreo original significa desplegar.

Si lo ponemos en contexto, el escritor de estos proverbios está diciendo que debemos *"...hacer rodar nuestra obra para el Señor"*. ¿Logra ver esto?

En otras palabras, debemos sacar a la luz (desplegar)

nuestros más profundos anhelos por el Señor. Debemos abrir nuestros corazones con plena seguridad al Espíritu Santo. ¡Podemos confiarle nuestras emociones, nuestros miedos, nuestras dudas y cualquier carencia que podamos tener!

Nuestros Planes

Volviendo a la voluntad de Dios, cualquiera puede comprenderla si verdaderamente desea conocerla. Solo se necesita humildad y dejar que el Espíritu Santo confirme que nuestros planes están de acuerdo con los suyos. Al encomendar nuestros planes a Dios, Él ahora puede buscar nuestras motivaciones más profundas.

Una vez que el Espíritu Santo inspeccione los deseos y motivaciones de nuestro corazón, Él aprobará o desaprobará nuestros deseos. Si Dios nos permite continuar con lo que deseamos, entonces Él lo hará realidad. Escuche estas palabras: **"Y esta es la confianza que tenemos en él, que si pedimos alguna cosa conforme a su voluntad, él nos oye. Y si sabemos que él nos oye**

en cualquiera cosa que pidamos, sabemos que tenemos las peticiones que le hayamos hecho." (1 San Juan 5:14-15)

La segunda parte de esta devoción es que a medida que avanzamos en nuestro trabajo hacia el Señor, nuestros pensamientos se establecerán.

Escuche el Espíritu del Señor: a medida que encomendamos (rodeemos) nuestro trabajo al Señor, nuestros pensamientos se establecerán. ¡Debe haber alineación entre nuestro corazón y nuestra mente si vamos a movernos a favor de Dios!

Al cerrar el devocional de hoy, aprendamos a llevar cada idea a través de la prueba de la cruz. Hágase esta pregunta: ¿Se trata de hacer que suene inteligente y genial con esta idea, o glorifica a Jesús?

¡Hora de Sentarse Bajo Su Sombra y Aprender!

  1. ¿Qué significa para usted encomendar algo al

Señor? ¿Hay cosas en tu vida que no has encomendado al Señor? Discute y comparte en tu grupo de estudio.

2. ¿Has sido honesto con el Señor acerca de lo que realmente sientes acerca de la vida en general? Discutir con el grupo.

3. ¿Cuál fue la última cosa por la que abriste tu corazón a Dios? ¿Fue una decisión, una persona, una situación? Comparte y discute con el grupo.

4. Dios conoce nuestros corazones. ¿En qué crees que Dios te encontraría pensando si te preguntara ahora mismo?

5. La alineación espiritual básicamente significa que estás alineado con la agenda de Dios. ¿Te encuentras en el centro de la voluntad de Dios hoy?

Día 11

¡Eso Luce Bien!

"Hay camino que parece derecho al hombre. Pero su fin es camino de muerte." (Proverbios 16:25)

Durante mi tiempo devocional con Dios hoy, encontré este proverbio que me recordó mucho a un comentario que mi mentor y pastor me dijo hace muchos años. Me dijo: *"David, ¡cualquiera puede convencerse de que compró un buen auto usado!"* Permítame explicarle a qué se refería mi pastor.

Había algunas personas en la iglesia (en realidad, una familia) que estaban pasando por una situación difícil y estaban buscando consejo. Vinieron a nuestra iglesia y se reunieron con el pastor. A medida que el pastor comenzó a darles consejos sobre el asunto en cuestión, siguieron bloqueando su consejo y no querían recibir nada de él. Estos individuos seguían poniendo excusas por sus acciones y por qué era tan injusto lo que estaban enfrentando en ese momento.

Mi pastor procedió a decirles que tal vez las decisiones que habían tomado no eran las mejores decisiones. Aunque escucharon el consejo, insistieron en que su forma de hacer las cosas era correcta, etc. Al final de la reunión, no se resolvió nada, y se fueron pensando que tenían razón todo el tiempo, ¡cuando no era así!

¿Qué tiene que ver esta historia con Proverbios 16:25? ¡Pues casi todo! Verá, a veces hay soluciones que les parecen correctas a ciertas personas. Sí, parecen correctas, ¡pero no lo son! En realidad, este es el camino a la muerte. Al leer este versículo y en las palabras, al parecer, ¿qué es lo que hace que una persona pierda el blanco o tome el camino incorrecto? ¿Qué es una mala acción o decisión?

Las decisiones que llevan a la muerte son decisiones

que se toman fuera del tiempo de Dios; son forzados e incluso manipulados para darnos un resultado favorable. Una cosa que he aprendido en mí caminar con el Espíritu de Dios es: ¡Si debemos empujar, forzar o manipular algo para que suceda, es casi seguro que no es Dios quien nos está guiando!

¡Hora de Sentarse Bajo Su Sombra y Aprender!

1. Al leer Proverbios 16:25, ¿alguna vez has sido terco con Dios? Si has sido un individuo terco, compártelo con tu grupo.

2. ¿Has descubierto por las malas que cuando intentas forzar algo, en realidad nunca funciona para ti? Comparte tu historia con el grupo.

3. ¿Qué hay de tu toma de decisiones? ¿Esperas en el Señor o en un liderazgo piadoso para recibir la luz verde?

4. Creo que todos hemos tomado malas deci-

siones en un momento u otro. ¿Qué lecciones aprendiste de algunas malas decisiones que tomaste en tu vida? Haz una lista y luego compártelas con tu grupo.

5. Descubrí que la paz de Dios debe ser la emoción que se parece a la luz verde de Dios. ¡Nunca confirmes nada aprobado por Dios hasta que tengas Su paz!

Día 12

¡Dando Desde el Corazón!

"Pero esto digo: El que siembra escasamente, también segará escasamente; y el que siembra en abundancia, en abundancia también segará. Cada uno dé como propuso en su corazón, no con tristeza, ni por necesidad, porque Dios ama al dador alegre." (2 Corintios 9:6, 7)

Permítanme abordar primero la ley de la siembra y la cosecha. Nunca viviremos nuestras vidas sin esta única ley universal. Esta ley ha sido instituida por Dios en el universo, y responderá sin importar lo que hagamos. Los resultados de esta ley se basan en nuestras acciones. Todo lo que demos, ¡lo recibiremos!

En las palabras de Pablo, él insiste en decir que, El que siembra escasamente, también segará escasamente; y el que siembra en abundancia, en abundancia también segará.

Ahora bien, si basamos los resultados en nuestra siembra, ¿no seríamos más conscientes de todo lo que hacemos a la hora de dar? Ahora el corazón tiene ojos, y ve lo que quiere dar. ¿Damos en base a lo que tenemos en nuestro bolsillo, bolso, chequera, etc., o damos lo que vemos dentro de nuestro corazón? Obviamente, la elección depende totalmente de la persona.

Aquí hay otra cosa que debe saber:

Si nuestro dar provoca un sentimiento de rencor, cosecharemos eso. Si nuestro corazón da porque ve una necesidad, esto tampoco es lo que Dios está buscando. Entonces, ¿qué tipo de dar está buscando Dios? Veamos.

¡Dios Ama al Dador Alegre!

"...porque Dios ama al dador alegre."

Un dador alegre— ¿Qué es un dador alegre? La palabra alegre significa feliz. Un dador alegre es una persona feliz. Es así de simple. Son felices porque conocen a Dios, son bendecidos por Dios, tienen un gran futuro en Dios, son felices de estar vivos, etc.

Cuando llega la oportunidad de ser una expresión de Dios para los demás, ¡ellos lo hacen felices! No están pensando en lo que están recibiendo, no están molestos porque deben dar, y de hecho, ¡están felices de hacerlo! ¡Que estos seamos nosotros!

¡Hora de Sentarse Bajo Su Sombra y Aprender!

1. ¿Conoces la ley de la siembra y la cosecha? ¿Lo entiendes? Compártalo con su grupo de estudio y discútalo.

2. ¿Practicas las leyes de la siembra y la cosecha en todo lo que haces? Comparte tus experiencias con el grupo.

3. ¿Alguna vez ha expresado sentimientos de rencor cuando se le pide que bendiga a alguien? No se avergüence de compartir sus experiencias con el grupo.

4. Comparte con el grupo la última vez que diste con un corazón alegre.

5. Si desea que el dar con alegría sea parte de su vida, comience a dar en cada oportunidad que su corazón le indique.

Día 13

¡Prestando al Señor!

"Servir al pobre es hacerle un préstamo al Señor; Dios pagará esas buenas acciones." (Proverbios 19:17)

Sobre el mismo tema de ayer, siento que el Espíritu Santo vuelve a visitar mi corazón y mi mente con el tema de dar desde el corazón. Por alguna razón, a menudo el Espíritu Santo seguirá recordándonos alguna verdad que quiere que pongamos en práctica.

Sobre el trato con los pobres, todos los tenemos en torno a nuestra vida. Todo lo que tienes que hacer es conducir y los verás debajo de un puente, en una esquina, en algún callejón abandonado o sentados frente a un restaurante esperando una limosna de alguien. Seguro que has visto mucho de esto.

Entonces, ¿cuál es nuestra posición para ayudar a los necesitados y pobres?

Nuestra posición como siervos del Señor es primero ayudarlos de algún modo. Ignorarlos no eliminará nuestra necesidad de extender nuestro amor más allá de nuestro círculo de amigos. Si ellos (los pobres y los necesitados) están delante de nosotros, es porque Dios nos los ha traído, ¡ya que no nos atreveríamos a ir a ellos!

Miremos la palabra de Dios en Proverbios 19:17.

Al mostrar piedad a los pobres, literalmente estamos prestando al Señor. ¿Puedes comprender esto? Este es un llamado a un nivel más alto en Dios.

Prestar al Señor tiene que ser una de las más grandes oportunidades para nosotros como pueblo de Dios, para mostrar gratitud a la creación de Dios.

¡Mostrando Favor!

Ahora, mostrar piedad es una palabra muy poderosa aquí en este versículo. Significa mostrar favor. La gente pobre generalmente no tiene a nadie que les muestre favor. Están golpeados por la negatividad y atados por una mentalidad demoníaca. Estamos llamados a mostrarles favor y traerles las buenas nuevas. ¿Ves esto? ¿Recuerdas cuando el Señor mostró favor hacia ti? ¡Estoy seguro que sí! Ha llegado el momento de que lo hagamos por otra persona.

Para finalizar, la Escritura dice que Dios pagará a todos los que le prestan. Las palabras pagar significan estar completo. En otras palabras, al dar al Señor, no te faltará nada, porque el Señor mismo te devolverá en su totalidad todo lo que le has dado y algo más.

¡Hora de Sentarse Bajo Su Sombra y Aprender!

1. ¿Conoces personalmente a algún pobre? Comparte con tu grupo de estudio.

2. ¿Alguna vez has hecho algún intento de

ayudarlos de alguna manera? Si es así, por favor comparta con el grupo y discuta la bendición detrás de ayudarlos.

3. ¿Alguna vez te has sentido mal por no ayudar a alguien cuando estaba en tu mano hacerlo? Comparte esto con el grupo.

4. Prestar al Señor es una oportunidad para mostrar la luz de Jesús a los perdidos. ¡Recuerde cuán poderoso será el impacto que esto tendrá para Su gloria!

5. ¿Has experimentado la recompensa del Señor por tender la mano y ayudar a los pobres? Comparte esto con el grupo.

Día 14

¡Somos la Morada de Dios!

"Lámpara de Jehová es el espíritu del hombre, La cual escudriña lo más profundo del corazón." (Proverbios 20:27)

¿Cómo es que Dios se mantiene siempre comprometido con nosotros? Yo creo que Dios lo hace a través del espíritu que nos dio cuando nos dio vida y nos hizo seres vivientes.

Verás, Dios nos dio de Su Espíritu cuando fuimos creados, sí, cuando estábamos siendo concebidos en el vientre de nuestra madre. ¡Este es un pensamiento increíble!

El Espíritu de Dios nos da vida y permanece dentro

de nosotros (aunque adormecido) dándonos una conciencia que nos permite gobernar nuestra vida de la mejor manera que podamos. No es sino hasta el día en que recibimos el conocimiento de quién es Dios, que lo recibimos en nuestro corazón como Señor y Salvador. Llamamos a esto nacer de nuevo del Espíritu.

El Espíritu Santo descenderá del cielo y tomará el corazón del hombre como Su hogar. Entonces nos convertimos en una habitación para Dios en el Espíritu. ¡Nos convertimos en la casa de Dios!

Este fue y siempre será el deseo de Dios!

El Señor anhela vivir dentro de nosotros y dirigir y guiar nuestras vidas hacia el fin que desea. No se trata de dónde quiero ir o qué quiero ser; se trata de por qué Él nos creó y cuáles son Sus intenciones para nosotros. Ninguno de nosotros sabe el camino sin que el Espíritu Santo nos muestre dónde ir y qué hacer. Es el Espíritu el que lleva nuestro propio proyecto personal...

"Antes bien, como está escrito:
Cosas que el ojo no vio, ni el oído oyó,
Ni han subido al corazón del hombre,
Son las que Dios ha preparado para los que le aman.
Pero Dios nos las reveló a nosotros por medio del Espíritu; porque el Espíritu todo lo escudriña, aun las profundidades de Dios." (1 Corintios 2:9-10)

Por medio del Espíritu de Dios, Dios escudriña nuestros corazones y puede interceder por nosotros. Es a través de Su Espíritu maravilloso que se nos muestran todos los misterios, expectativas, propósitos y planes del Señor.

¡Hora de Sentarse Bajo Su Sombra y Aprender!

1. ¿Ha abierto su corazón al Espíritu Santo y lo ha invitado a venir y hacer Su hogar en usted? Comparta esta pregunta con su grupo de estudio. Si alguien no ha hecho esto, pregúntele si le gustaría hacer de su corazón un lugar para que Dios habite. Guíelos en la oración del pecador y pídales que repitan después de

usted para recibir a Cristo.

La oración de un pecador:

"Señor Jesús, hoy vengo ante ti como un pecador. Estoy perdido y necesito que tu Espíritu Santo me muestre el camino. Confieso que soy una persona que ha cometido muchos pecados contra Ti. Por favor perdóname por todos mis pecados. Límpiame con Tu sangre preciosa que fue derramada en la cruz por mí. Ahora recibo tu regalo de salvación. ¡Por favor, ven y vive en mi corazón y nunca me dejes ir! ¡Quiero servirte con todo mi corazón a partir de este día!" Amén.

2. Cuando el Espíritu del Señor venga a vivir dentro de nosotros, Él nos mostrará qué hacer, cómo hacerlo y adónde ir. Hágase la pregunta: ¿Estoy permitiendo que el Espíritu Santo dirija mi vida? Discuta esto con el grupo.

3. ¿Alguna vez has vivido tu vida fuera de lo que el Espíritu de Dios quería de ti? Discuta este punto con el grupo.

4. ¿Puedes notar la diferencia ahora que el Espíritu de Dios te está guiando en comparación con la forma en que solías vivir antes de que Él viniera a tu corazón? Comparta algunas de las diferentes formas en que Dios lo ha estado guiando con el grupo.

5. ¿Qué ha sido lo último que te ha hablado el Espíritu de Dios? Comparte esta experiencia con el grupo.

Día 15

¡Discerniendo las Obras de la Oscuridad!

"Y no es de extrañar, porque el mismo Satanás se disfraza de ángel de luz." (2 Corintios 11:14)

Es interesante que el Apóstol Pablo haga énfasis en cómo las fuerzas demoníacas se transforman en algo positivo, algo bueno. Demasiadas veces, los creyentes no pueden darse cuenta de que Satanás es realmente el que está detrás de algún plan egoísta. Siempre debemos recordar que los que caminamos con Dios, vivimos en un campo de batalla. Ignorar esto, ¡es ponernos en un gran problema!

Permítanme arrojar algo de luz sobre 2 Corintios 11:14, y más específicamente, sobre la palabra transformar. Pablo dijo que el mismo Satanás se disfraza

Suena cómico, pero es cierto. Satanás se pone un overol o un disfraz diferente según la ocasión. Él hará esto para mezclarse con casi cualquier persona.

La mayoría de las personas no son muy buenas para discernir las tácticas o planes del diablo. De hecho, algunas personas piensan que el diablo es realmente un buen amigo útil. La gente puede aparecer en la puerta de tu casa vendiéndote un plan perfecto, pero sumido en el egoísmo y la codicia, y es posible que nunca lo veas.

Cuando el diablo se mueve, generalmente, lo hace sin una agenda. El diablo sabe cuándo hemos bajado la guardia y que somos solo un imán para lo que tiene para ofrecer. Entrará sutilmente al principio, y luego hará un movimiento más fuerte hasta que alcance su objetivo

Algo que debemos conocer sobre llevar una vida llena del Espíritu de Dios es que: no permitirá que el pecado atraiga, seduzca o se posicione en el siervo del Señor.

¡Una vida llena del espíritu es la vida de Cristo!

El Diablo Sabe . . .

Esto es lo que el diablo sabe: Él sabe cuándo la presencia de Dios no es fuerte en nosotros. Él puede saberlo por las cosas que hacemos en lo secreto. Él sabe que ya no estamos orando y leyendo la palabra de Dios como lo necesitamos; Él puede decir que nuestros deseos no están puestos en las cosas del cielo sino en las cosas de la tierra. ¡Él lo sabe!

Cuando estamos llenos de la presencia de Dios, podemos discernir todo lo que el enemigo ha preparado. Seremos capaces de verlo a kilómetros y kilómetros de distancia. No es de extrañar por qué el diablo hace todo lo posible para evitar que desarrollemos una vida de oración, una vida de devoción a Cristo

Una de las cosas clave que obtenemos cuando pasamos tiempo con Dios es nuestro discernimiento. Nuestro discernimiento se agudiza y se renueva el poder de vencer. Obviamente, ignorar nuestra vida espiritual nos dará todo lo contrario.

Es tiempo de buscar al Señor y dejar resplandecer Su gloria. ¡La Escritura dice que Sus enemigos se derriten como cera ante la presencia del Señor!

¡Hora de Sentarse Bajo Su Sombra y Aprender!

1. ¿Has visto al diablo disfrazarse de ángel de luz? Comparte con tu grupo de estudio.

2. ¿Puedes notar la diferencia entre una persona honesta y piadosa y un Ángel de luz?

3. ¿Qué diferencia a estas dos personas? Enumere algunas de las características junto con el grupo.

4. La presencia de Dios hace correr al diablo. ¿Te estás asegurando de estar lleno de Su presencia? Comparte con tu grupo de estudio.

5. ¡El discernimiento es un arma del Señor y la

oración personal lo agudiza! ¿Cómo está vuestro discernimiento estos días? Comparta con el grupo y discuta.

Día 16

¡Una Vida Disciplinada!

"El que ama el placer se quedará en la pobreza; el que ama el vino y los perfumes jamás será rico." (Proverbios 21:17)

Mientras reflexionaba sobre este versículo repetidamente, me di cuenta de lo fácil que es caer en las cosas menores de la vida y abandonar lo que es valioso. ¡No es difícil abandonar las prácticas que garantizan el éxito!

¿Cuántas veces hemos comenzado algo con tanta intensidad y con gran emoción, solo para verlo colapsar debido a nuestra falta de disciplina para mantenerlo? Esto es demasiado común. Cualquiera puede hablar de un gran juego, pero cuando se trata de caminar, cuando llega el momento de mostrar algún fruto tangible,

¡me temo que puede que no haya nada que demostrar! El estilo de vida disciplinado es la forma más difícil de vivir, pero la más gratificante. Muchos no conocen el secreto de una buena vida. No pueden ver más allá de sus obstáculos y sus situaciones desafortunadas.

De hecho, creo que las personas con más problemas son aquellas que son indisciplinadas. Que el Señor nos ayude a desarrollar disciplina en cada área de nuestra vida. Aquí están algunas áreas:

La mente. Debemos aprender a disciplinar nuestros pensamientos. Nuestros pensamientos gobiernan nuestras acciones. Cualquier cosa que vean nuestros pensamientos, -¡es lo que perseguiremos! Es eso mismo lo que dominará nuestra actitud y eventualmente nuestras acciones. Ahora bien, si el Señor Jesús es de alta prioridad en nuestras mentes, tenderemos a Él. No es lo que decimos acerca de Él, sino lo que hacemos con Él, lo que nos establece.

Una cosa más, nuestro tiempo. El tiempo es prácticamente irreversible. Si no cuidamos nuestro tiempo, alguien más lo hará. Dios es ilimitado cuando se trata de tiempo, ¡pero nosotros no! Tenemos 24 horas en un día. En la medida en que hagamos que el tiempo trabaje para nosotros, en la medida en que estaremos en la cima de nuestro juego. Si dedicamos nuestro tiempo a cosas sin valor, cosecharemos inutilidad.

Compartí solo algunos elementos en los que debemos disciplinarnos. Podemos empezar aquí y con el tiempo buscar otras áreas que nos ayudarán a avanzar.

¡Hora de Sentarse Bajo Su Sombra y Aprender!

1. Cuando piensas en la palabra disciplina, ¿qué te viene a la mente? Compártalo y discuta con el grupo de estudio.

2. ¿Alguna vez has empezado algo, pero no lo has terminado? ¿Cuántas veces has hecho esto en 12 meses? Comparte con el grupo.

3. ¿Te consideras una persona que lleva un estilo de vida disciplinado? Si es así, comparta con el grupo de estudio cuáles son algunas de las áreas que ha conquistado.

4. También sería bueno compartir algunas de sus luchas en algunas de las áreas de su vida en las que necesita establecer disciplina.

5. También sería bueno compartir algunas de sus luchas en algunas de las áreas de su vida en las que necesita establecer disciplina.

6. La mente y el tiempo son dos cosas importantes que hay que disciplinar. ¡Haga todo lo posible para someter estas dos áreas y hacer que trabajen para usted, no en su contra!

Día 17

¡Excusas, Excusas, Excusas!

"Dice el perezoso: El león está fuera; Seré muerto en la calle." (Proverbios 22:13)

Cuando uno es joven y sin experiencia en la vida, tiende a cometer muchos errores, errores que son completamente tontos. ¿Por qué los hacemos? ¡Porque somos inexpertos, extremadamente orgullosos y bastante tontos!

Cuando nos preguntan por qué tomamos una determinada decisión que trajo tanto dolor, simplemente nos encogemos de hombros y decimos: ¡Realmente no lo sé! Todos hemos hecho estos gestos y, hasta cierto punto, (incluso a medida que nos hacemos mayores) continuaremos haciéndolos.

Alguien dijo una vez: *"Cuanto más envejecemos, más sabios nos volvemos"*.

Eso puede ser cierto en algún aspecto, pero no completamente. He visto a algunas personas mayores cometer errores terribles y espantosos. A veces, los errores se acumulan en un trágico error tras otro. ¿Le suena esto familiar?

Cuando se enfrentan a una situación difícil, las personas se excusan cuando las cosas no salen como se esperaba. Sí, a medida que envejecemos, nos volvemos más inteligentes (pero a veces, ¡demasiado para nuestro propio bien)!

¡Es Necesario Tomar Responsabilidad o *Adueñarse* de Su Propia Vida!

Nada produce un cambio en nosotros como un buen chequeo de la realidad. Tenemos que tomar posesión de nuestras vidas, errores incluidos. Pasar la pelota o echarle la culpa a alguien más solo nos hace daño. ¡A menos que nos hagamos cargo de todo lo bueno y todo lo malo que nos sucede, ¡nunca superaremos nuestra necesidad de poner excusas!

A decir verdad, cuantas más excusas ponemos, menos credibilidad tenemos. Cuanto más practicamos la irresponsabilidad, más negamos oportunidades en nuestra vida. Cuantas más excusas inventamos, menos valiosos nos volvemos como personas.

Pedir Disculpas Sinceramente, Pero ¿Por Qué?

Al fallar en presentarse a algo, cuando prometiste estar presente, uno debe hacer restitución. ¡Creo que uno debe hacer la conexión necesaria con la persona que lo invitó originalmente al evento y disculparse sinceramente por no presentarse! Esto, a su vez, mantendrá las líneas de comunicación abiertas y proporcionará un puente para ser invitado la próxima vez que haya un evento.

No desaparezcas y pienses que está bien no presentarse a un evento prometido. ¡No solo es grosero sino también extremadamente irresponsable! ¡Recuerda, lo que siembras es lo que cosechas¡

¡Hora de Sentarse Bajo Su Sombra y Aprender!

1. ¿Qué consideraría un error tonto en su propia vida? Haga una lista de algunos ejemplos y compártelos con tu estudio.

2. ¿Alguna vez te has sentido atrapado por tus propios errores y tuviste que mentir para ocultar otra mentira anterior, todo para no avergonzarte? Comparta con el grupo este punto.

3. ¿Qué significa para ti tomar posesión? Defina esto y comparta con el grupo. Creo que esta es un área importante que debe abordarse entre los jóvenes del mundo actual. Enfatice este punto.

4. ¿Puedes definir qué significa disculparse sinceramente? Discuta esto entre su grupo.

5. Aprende a construir buenas relaciones con las

personas. Las relaciones son como flores en un jardín. Cultívelos con amor y con paciencia. Comenta esto con tu grupo.

Día 18

¡No Fijes Tus Ojos En Lo Que No Es!

"No te afanes por hacerte rico;
Sé prudente y deja de pensar en ello.
Has de poner tus ojos en las riquezas, siendo tan fugaces?
Porque se harán alas
Como alas de águila, que se remonta al cielo."
(Proverbios 23:4-5)

"Porque donde está tu tesoro, allí estará también tu corazón." (San Mateo 6: 21)

Se necesita una gran humildad para ir más allá de lo preferible. ¿Qué es preferible? Lo preferible es eso que quieres y debes tener sin importar quién o qué se interponga en el camino. ¿Tienes cosas que son preferibles?

Ahora, déjame llevarte un paso más profundo en esta devoción.

Por lo general, las cosas que son preferibles son cosas que, en su mayor parte, se acomodan a la carne y generalmente no son la voluntad de Dios para nosotros. ¡Estas cosas son cosas que el Señor nos dijo repetidamente que no nos permitiéramos! ¿Tiene sentido ahora?

En los versículos anteriores, sentí que el Espíritu Santo me guiaba a compartir cosas que tienen un valor eterno. Dediquemos un tiempo a este proverbio...
"No trabajes demasiado para ser rico";

Estas palabras pueden argumentarse, y probablemente podamos debatir el principio, si su fuente fue alguien que no entendió lo que significa ser rico. El problema aquí es que fue Salomón quien hizo la afirmación. El rey Salomón era el rey más rico de todo el mundo conocido. ¿Por qué estaría él diciendo, No trabajes demasiado para ser rico? Hmm…. Él agrega a su poderoso punto lo siguiente y dice: "¡Debido a tu comprensión, cesa!" ¡Wow!

En otras palabras, el rey Salomón, en esencia, está diciendo: Tú sabes más que esto. ¿Por qué te atormentas para ganar un poco de dinero? ¡Detente ya!

Después de llevar esta evaluación al primer plano, dice: "¿Pondrás tus ojos en lo que no es?" Esta tiene que ser una de las preguntas interrogativas más profundas para el alma humana y llama a los que persiguen cosas vanas diciendo: ¿Pondrás tus ojos en lo que no es?

¡Debemos aprender a nadar profundamente en el río de la presencia de Dios, para que las "cosas que no son" sean expuestas, cortadas, y nuestra libertad sea restaurada para buscar las cosas que le agradan a Él!

¡Hora de Sentarse Bajo Su Sombra y Aprender!

1. ¿Alguna vez ha sido desafiado por el Espíritu de Dios a dejar algo o abrazar algo perteneciente a Su voluntad? ¿Cómo fue tu reto? Comparte con tu grupo de estudio.

2. Humildad significa que Dios debe ser el primero en todas las cosas. ¿Estás caminando en humildad?

3. Debemos aprender a discernir lo que es del Señor y lo que no es. ¿Cómo está vuestro discernimiento estos días? Comparte con el grupo.

4. **"¿Pondrás tus ojos en las cosas que no son?"** ¿Que significan estas palabras para ti? Comparta esto con el grupo y comente.

5. Cualquier cosa que no produzca o traiga paz en tu corazón, debes saber que esta falta de paz no viene del Señor. Sepa dónde está parado con Dios en todo momento. Discuta esto con su grupo de estudio

Día 19

¿Exaltado Por Encima de la Medida?

"Y para que por la grandeza de las revelaciones no me exaltase desmedidamente, me fue dada una espina en mi carne, un mensajero de Satanás que me abofetee, para que no me enaltezca sobremanera." (2 Corintios 12:7)

Habiendo leído esta porción de las Escrituras innumerables veces, siempre me refresca cuando leo la palabra de Dios con el corazón para entender la verdadera intención original de Dios.

Uno de los obstáculos más grandes del hombre es un corazón arrogante y una vida llena de orgullo.

El orgullo y la arrogancia van de la mano, sí, y ambos trabajan para un propósito común: ¡separarnos de la gracia y el favor de Dios!

Esto es lo que dice Santiago 4:6 en su carta con respecto al asunto:

"Pero él da mayor gracia. Por lo cual dice: Dios resiste a los soberbios, y da gracia a los humildes.
En otro lugar la Escritura dice: "Humillaos, pues, bajo la poderosa mano de Dios, para que él os exalte a su tiempo." (1 San Pedro 5:6)

Para todo esto, Dios ha hecho provisión. Él ha arreglado nuestras vidas de tal manera que nos mantienen bajo control. Primero, por la inspiración del Espíritu Santo, y segundo, viviendo bajo Su mano poderosa y experimentando ciertas situaciones (las pruebas y tribulaciones) en la vida. ¿Estás entendiendo los caminos de Dios ahora?

En el caso del Apóstol Pablo, Dios le había mostrado una visión increíble o increíble del reino del Espíritu. Fue llevado al paraíso, al tercer cielo. Recibió las gloriosas revelaciones de Dios y recibió sabiduría y enseñanzas del Señor mismo.

¡Qué privilegio ser escogido por Dios para esta poderosa experiencia!

Junto con las gloriosas revelaciones, Dios también hizo algo que al principio pareció desconcertante; Le dio al Apóstol Pablo un aguijón en la carne, y el enemigo de Satanás para abofetearlo.

Ahora, ¿por qué Dios permitiría esto? ¿Se obligó el enemigo a atacar a Pablo solo porque Pablo había visto a Dios? ¡Por supuesto que no! Dios no estaba preocupado por el diablo en lo más mínimo; ¡Él estaba preocupado por Pablo y su lado humano!

Tú y yo experimentaremos el problema de alguna manera. Si quieres ser un hombre o una mujer de Dios, ¡el Señor mismo te llevará a ti ya mí a tal lugar!

¡Hora de Sentarse Bajo Su Sombra y Aprender!

1. ¿Alguna vez has reconocido la arrogancia y el orgullo en ti mismo? Si es así, por favor compártalo con su grupo de estudio.

2. ¿Cómo te enseñó personalmente el Señor a vencer el orgullo y la arrogancia? ¿O ha sido una lucha continua para ti? Comparte con el grupo.

3. Debe saber que el diablo siempre se aprovecha de ¡Por supuesto que no! Dios no se preocupó por el diablo nuestras debilidades. Él no puede forzarnos a pecar, pero puede usar nuestra debilidad a su favor. Comparta con el grupo este punto y discuta.

4. Si no nos humillamos voluntariamente, ¡Él nos humillará con fuerza! Todo esto es porque Él nos ama. Comparta este pensamiento e intercambie comentarios con el grupo.

5. Nunca debemos tratar de ir más allá de la medida de la esfera que Dios nos ha dado. Dios hará todo lo posible para mantenernos a raya, pero si per-

sistimos y nos salimos con la nuestra, ¡terminará dolorosamente! ¿Qué piensas de esto? Comparte tus comentarios con el grupo.

Día 20

¡Tienes Que Conocer Tu Lugar!

"...porque en nada he sido inferior a aquellos grandes apóstoles, aunque nada soy." (2 Corintios 12:11)

"Sino que escogió Dios lo necio del mundo, para avergonzar a los sabios." (1 Corintios 1:27)

"Es necesario que él crezca, y que yo mengüe." (San Juan 3:30)

Reconocernos ante nosotros mismos y ante los demás que no somos nada es verdaderamente un gran logro. Demasiados a menudo tienen la idea de que son algo especial y que deben ser atendidos. ¡En el reino de Dios, el siervo del Señor es el siervo de Dios! ¡Él es el Rey y tiene la preeminencia en todo!

Cuando comencé a meditar en las palabras del apóstol Pablo, rápidamente me di cuenta de que Paul no estaba dispuesto a hacerse un nombre. Él era el siervo de Dios, y sabía cuál era su lugar. ¡Hay demasiadas personas que no conocen su lugar!

En otra Escritura Pablo alude a esto y dice: **"Soy lo que soy por la gracia de Dios"**.

Reconocer que Dios es todo y que nosotros no somos nada, debe ser un componente clave en el mensaje que predicamos.

Es sorprendente cómo Dios puede elegir a personas débiles, tontas y bastante desordenadas para cumplir sus órdenes. Siempre eligió a aquellos que no podían ayudarse a sí mismos. Es el método de Dios: Él toma lo que es humilde y lo convierte en una fuerza poderosa por causa de Su nombre. ¡A Dios solo sea la gloria!

Ahora, para cualquiera que quiera profundizar en el corazón de Dios, escuche la historia de Juan el Bautista. Aquí hay un hombre que fue enviado por Dios para ser una voz profética para aquellos que pasarían de camino a otro pueblo a lo largo del río Jordán. Aunque fue escogido por Dios y solo para los propósitos de Dios - Juan el Bautista aún conocía su lugar en Dios.

Una vez le preguntaron a Juan si él era el mesías. El respondió, **"¡No soy!"** Podría haber dicho que era un hombre enviado por Dios; Podría haber usado su llamado como credencial para parecer más espiritual que sus contemporáneos, ¡pero no lo hizo! En cambio, Juan dijo: **"Es necesario que él crezca, y que yo mengüe."**

Mis amigos, debemos conocer nuestro lugar.

¡Hora de Sentarse Bajo Su Sombra y Aprender!

1. ¿Qué significan para ti las palabras "no soy nada"? Comparta esto con su grupo de estudio como una pregunta de apertura.

2. ¿Alguna vez te has sentido como si fueras "algo", como algo especial que todo el mundo debería estar atendiendo? Discuta sus puntos de vista con el

grupo.

3. **"Sino que escogió a Dios lo necio del mundo, para avergonzar a los sabios."** ¿Qué te trae este conjunto de palabras a la mente? Deje que su grupo le dé su propia comprensión de esto y discútalo.

4. ¿Te considerarías alguien a quien Dios escogió aunque no lo merecieras? Discutir con el grupo.

5. ¿Está buscando ser reconocido por sus pares, o su deseo es realmente exaltar al Rey Jesús con sus acciones? Comente esta idea con su grupo de estudio.

Día 21

¡Construyelo Dos Veces!

**Termina tus labores fuera,
Y disponlas en tus campos,
Y después edificarás tu casa."** (Proverbios 24:27)

Realmente me gusta lo que acabo de leer aquí en Proverbios 24:27 con respecto a la construcción de una casa.

Déjame mostrarte lo que el Espíritu Santo me dijo acerca de esto:

Primero, siempre debemos construir con el fin en mente. Nunca comience un proyecto de ningún tipo hasta que haya visto cómo se verá cuando esté terminado. Piénsalo, dibújalo, diséñalo primero en papel, luego compra tu material y empieza a construir.

En la sabiduría de Dios, uno debe preparar primero el trabajo externo. ¿Qué significa esto? Significa que debemos resolver todo en nuestras mentes primero. Luego, calculamos el costo y determinamos si será posible construir lo que deseamos.

El primer paso es mirar el campo y ver dónde se construirá exactamente la casa. ¿Se construirá de un lado, en el centro del campo, hacia atrás o hacia adelante, o se necesitará todo para encajar?

El segundo paso será la construcción de su base. Los cimientos son probablemente uno de los pasos más importantes en la construcción de una casa. Debe hacerse correctamente. Ahora bien, si se coloca sin cuidado, puede agrietarse, romperse o quedar desnivelado, lo que afectará el futuro de esa casa.

En la construcción de cualquier cosa, no improvisar. Existe el método correcto para construir algo que sea fuerte, sólido y hermoso. La desventaja, si la hay, es que hay que tener mucha paciencia para hacerlo bien. ¡No puedes apresurarte para hacer un buen trabajo! No seas irresponsable con los pasos correctos de construcción.

Una vez que el trabajo se ha hecho afuera, o se ha establecido en nuestros corazones y mentes, estamos listos para hacer la parte divertida: la casa real. Verás, todo comienza en el espíritu y luego se manifiesta en lo natural. La parte más difícil de construir cualquier cosa son sus cimientos. Una vez que se colocan los cimientos, ahora se puede ver la casa real

¡Hora de Sentarse Bajo Su Sombra y Aprender!

1. ¿Alguna vez has escuchado las palabras, comienza con el final en mente? ¿Qué le dicen estas palabras a usted a nivel personal? Discuta con su grupo y comparta su propia comprensión al respecto.

2. ¿Alguna vez ha iniciado un proyecto y no ha podido preparar sus cimientos? ¿Cuál fue el resultado?

¿Viste un fracaso colosal? Comparte tu historia con el grupo.

3. ¿Qué pasa con el momento en que construyó algo e hizo los preparativos necesarios? ¿Cómo te resultó esto? Comparte con el grupo.

4. ¿Alguna vez ha tenido una visión del Señor para hacer algo especial para Él, pero no se preparó para ello y terminó abortando la idea? Comparte esta experiencia con tu grupo y debate

5. En el Señor, todo nace en el espíritu primero, y luego depende de ti y de mí manifestarlo. Comparta sus pensamientos sobre esto.

Día 22

¿Qué Te Está Atando?

**"Quita las escorias de la plata,
Y saldrá una alhaja para el fundidor."** (Proverbios 25:4)

En mi meditación esta mañana, mientras reflexionaba una vez más sobre la Palabra infalible de Dios, me encontré con este pasaje. Pensé para mí mismo acerca de cómo Dios siempre conoce todas las cosas, incluidas las cosas profundas que nadie conoce. De hecho, ¡Él conoce nuestros propios corazones mejor que nosotros mismos!

Mientras oraba sobre este versículo, fue aquí donde el Espíritu Santo me hizo ver cómo algunas cosas pueden impedir que alcancemos nuestro máximo potencial.

En la sabiduría de Dios, Él ve nuestras deficiencias, nuestros defectos, nuestros pecados, nuestras fallas y sabe que somos imperfectos e incompletos. A través del Espíritu Santo, se asegurará de purificarnos y llevarnos al lugar donde necesitamos estar con Él.

¿Qué Nos Está Obstaculizando?

¿Alguna vez te has preguntado por qué tu vida es cómo es? ¿Has considerado todos los obstáculos que te impiden alcanzar la visión que Dios te ha dado?

En su opinión, ha sentido que debería estar en un nivel mucho más alto, pero apenas lo está pasando. ¿Por qué crees que es esto? ¿Necesitas ser purificado de las cosas que se aferran a tu vida y te traen y retrasan?

Es posible que sienta que está avanzando y retroceda cuando esté a punto de lograr un gran avance. Seguro que nos purificará y nos llevará al lugar donde necesitamos estar con Él. ¡Hay una razón para esto!

¡La carrera!

"Por tanto, nosotros también, teniendo en derredor nuestro tan gran nube de testigos, despojémonos de todo peso y del pecado que nos asedia, y corramos con paciencia la carrera que tenemos por delante, Puestos los ojos en Jesús, el autor y consumador de la fe, el cual por el gozo puesto delante de él soportó la cruz, menospreciando el oprobio, y está sentado a la diestra del trono de Dios." (Hebreos 12:1, 2)

En la carrera de la fe, debemos despojarnos de todo peso y pecado que tan fácilmente nos asedia. No podemos darnos el lujo de dejar que nada nos obstaculice: ¡especialmente nada personal y ciertamente nada de los demás!

Es hasta que nos despojemos de lo que nos estorba que avanzaremos en nuestra propia carrera para Su gloria.

¡Hora de Sentarse Bajo Su Sombra y Aprender!

1.   ¿Ha experimentado obstáculos específicos en su propia vida; cosas que le han impedido alcanzar cierta meta, etc.? Si es así, tómese un tiempo para com-

partir con su grupo.

2. ¿Cómo reconociste estos obstáculos? Comparte con el grupo.

3. ¿Te tomó algún tiempo reconocer tu obstáculo? ¿Alguien más te lo señaló, te lo reveló el Espíritu Santo?

4. ¿Te costó mucho admitir que esas cosas te obstaculizaban? Si te costó admitir algo, comparte ese proceso de pensamiento con el grupo.

5. El pecado es pesado de llevar, y pronto te cansarás de tratar de aferrarte a él. Lo mejor que puede hacer cuando sabe que tiene un impedimento de pecado que lo detiene es confesar y abandonar ese pecado. ¡Entonces se elevará!

Día 23

¡En Camino Hacia la Plenitud!

"Por lo demás, hermanos, tened gozo, perfeccionaos, animaos, sed de un mismo sentir, y vivid en paz; y el Dios de paz y de amor estará con vosotros." (2 Corintios 13:11)

¿Qué es exactamente lo que estás buscando en Dios? ¿Qué es lo que te mantiene buscando o buscando en la vida? ¿Qué te hace quedarte despierto por las noches? ¿Qué es eso que te mantiene soñando por mucho más? ¿En qué se detiene tu mente?

Como creyente y seguidor de Jesús, tienes ambiciones, ambiciones santas. Hay una razón para que estas emociones se muevan dentro de nosotros. ¿Qué es exactamente lo que Dios quiere que tú y yo alcancemos?

Mi pasión...

Permítanme decir que en mis años de buscar a Dios, he descubierto que lo que realmente anhelo es un encuentro continuo con el Dios vivo y la transformación de la vida que tendrá un impacto en mi mundo y en mi generación.

¡Ser completo para mí es nada más y nada menos que convertirme en todo lo que Jesús me diseñó para ser! ¿Qué significa esto? Veamos la palabra completo en su idioma original.

La palabra completo significa estar hecho o estar listo, adecuado o equipado de antemano para un propósito particular o para algún uso o evento. También significa ajustar, poner en orden, o restaurar

Aunque podamos pensar que nuestra forma de ser es la que Dios ha diseñado, generalmente nos equivocamos. ¡Dios tiene mucho más para nosotros!

¡Llenos de Nosotros Mismos!

En nuestras mentes tendemos a pensar que estamos bien como somos. Sin embargo, una vez que comenzamos a mirar el rostro de Dios, rápidamente nos damos cuenta de que la idea de Dios es muy diferente de la que tenemos. Su presencia comienza a mostrarnos cuán diferentes somos de lo que Él ha querido para nosotros.

¡Ser completo simplemente significa que tenemos la mente de Dios y pensamos como Dios, nos movemos como Dios y hacemos las obras de Dios!

Aspiremos a ser completos en Él. Este es el supremo llamamiento de Dios en Cristo Jesús.

¡Hora de Sentarse Bajo Su Sombra y Aprender!

1. ¿Alguna vez te has preguntado qué es exactamente lo que persigues en tu experiencia cristiana? Comparte con tu grupo de estudio.

2. ¿Dios te diseñó para ser qué? ¿Has descubierto esto? Comparta y discuta esto con su grupo

3. Nada obstaculiza más nuestro fluir de Dios que cuando pensamos que no necesitamos aprender nada nuevo. Cuando alguien cree que ha llegado, es el comienzo de un colapso espiritual. Comparta este pensamiento y discuta.

4. En una escala del 1 al 10, siendo 1 el más bajo y 10 el más alto) ¿dónde se clasificaría usted mismo como completo? Comente esta idea con su grupo de estudio

5. Dios tiene Su propia mente. Él quiere darte Su mente para que podamos estar completos en Él. Humíllate hoy y permite que Su Espíritu enseñe tu corazón y tu mente.

Día 24

¡Comunión del Espíritu Santo!

"Que la gracia del Señor Jesucristo, el amor de Dios y la comunión del Espíritu Santo sean con todos ustedes." (2 Corintios 13:14)

Mientras leía esta última línea en 2 Corintios 13:14, reflexioné sobre la idea de que debemos hacer del Espíritu Santo nuestro mejor amigo. ¿Cuántos de nosotros hemos hecho del Espíritu Santo nuestro mejor y más querido amigo? Esto es verdaderamente algo para pensar y considerar.

¡Nuestra Actitud!

Nuestra actitud hacia el Espíritu Santo será verdaderamente transformadora en nosotros, si le permitimos el lugar que le corresponde en nuestros corazones.

He escuchado a creyentes hablar sobre la Palabra de Dios y cómo debemos estudiarlo para mostrarnos aprobados como ministros, o como debemos orar y pasar tiempo a solas con Dios en secreto y, con qué frecuencia debemos ayunar y por cuánto tiempo, etc. A todo esto digo, sí y amén, pero también, ¡Hay mucho más!

La Persona del Espíritu Santo

En nuestra teología, debemos saber que el Espíritu Santo es el que ahora vive en nosotros. ¡Es el Espíritu de Dios que ahora mora ricamente en nosotros! Es a través de Él que conocemos a Dios. No solo nos lleva a la presencia de Cristo, sino que también nos permite saber lo que Dios está pensando. ¡Él nos mostrará el modelo del Señor y nos desafiará a seguirlo!

Tener una gran amistad con Dios Espíritu Santo (la tercera persona de la trinidad) es imprescindible si queremos ser apostólicos y movernos con Dios en el mundo en que vivimos.

Comunión

Ahora, en este versículo específico, el Apóstol Pablo presenta una palabra definida, Él usa la palabra comunión. Él dice **"…Espíritu Santo sean con todos ustedes…"** ¿Qué es la comunión del Espíritu Santo? La palabra comunión significa participación. En otras palabras, el Señor desea que hagamos partícipe al Espíritu Santo de todo lo que debemos hacer como creyentes. Hacemos esto al permitirle que ocupe el lugar que le corresponde en nosotros. Él entonces nos conducirá de acuerdo con los deseos de Dios.

No podemos tener una vida exitosa en Dios sin la comunidad unión del Espíritu Santo. Debemos dejarnos conducir por Él.

¡Hora de Sentarse Bajo Su Sombra y Aprender!

1. ¿Cuál es su creencia en el Espíritu Santo (la tercera persona de la santísima trinidad)? Discuta esto en su grupo.

2. ¿Está su vida gobernada por el Espíritu Santo? Comparte y discute con el grupo

3. ¿Has entregado toda tu vida para ser guiado por el Espíritu Santo de Dios? Comparta estos pensamientos con el grupo.

4. ¿Sabías que el Espíritu Santo es la mente de Dios? Sea lo que sea que Dios esté pensando, Él te lo revelará a través de Su Espíritu. Discuta de esto con su grupo.

5. La comunión con el Espíritu Santo es el orden supremo de la intimidad. Aprende a caminar a la sombra de Su Espíritu y nunca te faltará nada bueno. Discuta este punto y comparta su propia experiencia.

Día 25

¿Es Usted Responsable de la Misión?

"…Pablo, apóstol (no de hombres ni por hombre, sino por Jesucristo y por Dios el Padre que lo resucitó de los muertos)…" (Gálatas 1:1)

Al meditar en Gálatas 1:1, mi atención se dirige al llamado de Dios que recibió Pablo: ¡debía ser un apóstol para Jesús el Rey! En este único versículo, Él dice específicamente con respecto a su llamado, que fue dado o revelado, **"no de hombre ni por hombre."**

No hay persona en el mundo que sepa lo que Dios ha querido para nosotros. Solo Cristo el Señor tiene esta respuesta. El hombre puede poner títulos a las personas, pero son sólo eso, ¡títulos! El hombre puede reconocer cierto tipo de obsequio en nuestras vidas, y eso está muy bien, y apreciamos el obsequio del reconocimiento.

Sin embargo, es Dios quien nos diseñó antes de que naciéramos. Él nos llamó antes de que entráramos en el vientre de nuestra madre. Responsabilidad al más alto nivel Antes de que alguien pudiera ver nuestro rostro, el Señor ya lo vio y nos encargó Su tarea.

Mientras Pablo revela que su llamado no fue dado por el hombre, ¡Procede a mostrarnos que su llamado vino de Jesucristo!

Es Jesús quien nos llama a nuestra misión en la vida. Él es quien hace que todas estas cosas sucedan. En cuanto a los detalles de nuestras asignaciones o llamamientos, el momento y el método que Él usará para revelar esto, todo depende de Él. Él nos dará a conocer estas cosas en Su tiempo.

A medida que nos dejemos atrapar por la adoración y llevados a Su misma presencia, el Señor revelará algunos de estos secretos eternos a aquellos que deseen averiguar cuáles son. Ahora bien, no todo el mundo se preocupa por averiguar cuáles son estos secretos; realmente no quieren saber lo que Dios tiene para ellos.

Responsabilidad al más alto nivel

Cuando Dios nos llama a servirle en alguna capacidad, junto con el llamamiento, hay una responsabilidad adjunta a ello. ¿Cuál es la responsabilidad? ¡La responsabilidad es lograr que se haga la mayor cantidad posible!

La gente tiende a mirar a su alrededor y ver lo que hacen los demás Algunas personas encuentran tiempo para compararse con los demás o, peor aún, criticar el trabajo de las manos de otra persona. ¡Qué desperdicio de emociones y tiempo puede ser esto! Recuerda: Daremos cuentas de todo lo que hemos hecho y dejado de hacer con nuestras tareas. Con esto en perspectiva futura, debemos ocuparnos de los asuntos del Padre; debemos abordar la tarea que tenemos entre manos y saber que seremos responsables de ello.

¡Hora de Sentarse Bajo Su Sombra y Aprender!

1. ¿Ha pensado alguna vez en el llamado o la tarea que Dios le ha dado? Comparta estos pensamientos con el grupo.

2. ¿Te ha revelado Dios alguna vez la tarea de tu vida? Comparte esto con el grupo.

3. ¿Alguna vez alguien profetizó sobre su vida y activó el llamado de Dios sobre su vida? Comparta estos pensamientos con el grupo.

4. ¿Sientes que estás fluyendo en la asignación de Dios hoy? En caso afirmativo, ¿cómo es esa asignación? Comparte esto con el grupo.

5. Con cada tarea, Dios exige responsabilidad. ¿Estás siendo responsable con tu tarea? Defina la palabra responsabilidad. Comente la idea con su grupo.

Día 26

En Favor del Hombre

"Pues, ¿busco ahora el favor de los hombres, o el de Dios? ¿O trato de agradar a los hombres? Pues si todavía agradara a los hombres, no sería siervo de Cristo." (Gálatas 1:10)

¿Qué es un hombre complaciente? ¿Qué tipo de persona es ésta? Un hombre complaciente es alguien que busca el favor, la aprobación y la aceptación del hombre. Los complacientes son aquellas personas que trabajan duro en su reputación y, con suerte, sus buenas obras serán notadas por otros (especialmente sus amigos y otros contemporáneos).

Muchos creyentes todavía están atrapados en agradar al hombre en lugar de a Dios. Prefieren estar en buenos términos con el hombre, en lugar de tener la aprobación de Dios. Mi mentor y pastor solía decir siempre: "Si desagrada a Dios, no importa a quién complazca. ¡Si agrado a Dios, entonces no importa a quién desagrada!" Ni yo mismo podría haberlo dicho mejor.

¡Se Llamaban a Sí Mismos Fariseos!

Durante los tiempos de Jesús, un grupo religioso que Jesús llamó los fariseos complacían a los hombres. Parecían estar más preocupados por las obras externas y ser vistos por los demás, recibiendo elogios y reconocimiento por sus buenas obras.

Esta ha sido siempre una tentación para todos los creyentes; pensar que necesitamos la aprobación y aceptación del hombre para poder avanzar. ¡Esto no es cierto y no lo creas!

Escuche lo que dijo Jesús acerca de los fariseos:
"¡Ay de vosotros, escribas y fariseos, hipócritas! Porque sois semejantes a sepulcros blanqueados,

que por fuera, a la verdad, lucen hermosos, pero por dentro están llenos de huesos de muertos y de toda inmundicia. Así también vosotros por fuera parecéis justos a los hombres, pero por dentro estáis llenos de hipocresía e iniquidad." (Mateo 23:27, 28)

¡Los fariseos eran hipócritas!, según Jesús Estas personas fariseas estaban enamoradas de la aprobación y aceptación de la gente. Siempre hacían sus ritos y ceremonias religiosas frente a la gente para que la gente los alabara por sus buenas obras y largas oraciones. ¡Hizo vomitar a Jesús!

¡Discierne y Distingue!

Pablo dijo: **"Si agradara al hombre, no sería siervo de Cristo".**

¡Es Uno u Otro!

Debemos discernir y distinguir a quién estamos complaciendo. Cuando servimos al hombre, lo hacemos como si estuviéramos sirviendo a Cristo. Siempre debemos tener en cuenta que hagamos lo que hagamos, ¡lo hacemos para el Señor, no para el reconocimiento, la aceptación o la aprobación!

¡Hora de Sentarse Bajo Su Sombra y Aprender!

1. ¿Entiendes lo que es complacer a los hombres? Por favor defina y comparta con su grupo de estudio.

2. ¿Te has dado cuenta de que eres una de estas personas que complacen a los hombres? Si ha tenido esta experiencia, sería tan amable de explicarle al grupo. Haz una lista de las cosas que aprendiste de esta experiencia.

3. ¿Sabes lo que es un fariseo? ¿Has visto a estos fariseos a lo largo de los evangelios de Cristo?

4. ¿Sabes lo que es un fariseo? ¿Has visto a estos fariseos a lo largo de los evangelios de Cristo? Encuen-

tre algunas de las Escrituras donde los fariseos son llamados por Jesús y enumere ¿Cuáles son algunas de las hipocresías que practicaron durante ese tiempo? Comparte con el grupo.

5. Defina la palabra hipócrita. ¿Qué significa para usted? ¿Alguna vez has sido uno? Si es así, comparte lo que aprendiste de tu experiencia

6. ¡Debemos aprender a vivir para Cristo y agradarle! ¿Qué piensan usted y su grupo de este pensamiento? Discuta y comparta con su grupo de estudio.

Día 27

Sobre Ser Paciente. . .

"El que guarda la higuera, comerá su fruto; y el que guarda a su señor, será honrado." (Proverbios 27:18)

¡No creo que haya nada más alucinante que un agricultor que siembra semillas en su campo el lunes solo para empacar sus maletas y dejar la ciudad definitivamente el viernes de esa misma semana! ¿Adónde va y qué hay del campo que acaba de recibir semilla?

Demasiadas veces hemos dejado proyectos sin terminar; los proyectos se quedaron sin hacer simplemente porque nos cansamos, nos aburrimos o no vimos ningún resultado. Se necesita un tipo diferente de persona para esperar pacientemente los resultados.

Al reflexionar sobre estos pensamientos mientras meditaba en Proverbios 27:18, me di cuenta de que esperar no es lo más fácil para la mayoría de las personas. De hecho, la paciencia para cualquier cosa en ¡la vida no es sólo una característica de la madurez, sino también un elemento necesario a lo largo de nuestra vida! Ahora, en esta Escritura, encontramos algo de sabiduría básica: **"El que guarda la higuera comerá su fruto"**.

Si nos ocupamos de algo y lo cuidamos, nos recompensará. En todo lo que hacemos hay un beneficio.

¿Por qué tanta gente se da por vencida tan fácilmente? ¿Por qué la gente no puede ver un proyecto completo? ¡El problema real aquí es que las personas se han adaptado cada vez más a una sociedad que va rápido a ninguna parte!

Actualmente vivimos en una sociedad que promueve grandes recompensas con poco esfuerzo. Fácil esto y fácil aquello. Puedes tener lo que quieras con solo presionar un botón... ¡Wow! ¿No es asombroso?

He visto a personas enfadarse tanto cuando no pueden

encontrar el control remoto de la televisión. ¿Por qué tanta pelea? La pelea es porque nadie quiere levantarse y cambiar manualmente los canales. ¡Definitivamente hemos entrado en una era de mimos!

La segunda parte de este versículo dice: **"el que guarda a su señor, será honrado."**

Esperar es verdaderamente la clave para la mayoría de las deficiencias de nuestro carácter. Si aprendemos a ser pacientes ya esperar, seremos honrados. La Biblia claramente promueve y enseña esto.

¡Hora de Sentarse Bajo Su Sombra y Aprender!

1. ¿Alguna vez te has sentido desesperado porque algo no sucedió lo suficientemente rápido? Comparta esto y tráigalo a una discusión con otros.

2. ¿Has visto cambiar tu actitud cuando las cosas no salen como esperabas? Comparte y discute con el grupo.

3. ¿Has ofendido a otros simplemente porque estabas teniendo un mal día? Comparte con el grupo.

4. ¿Por qué estabas teniendo un mal día? ¿Fue porque las cosas no salieron como esperabas o porque alguien te robó algo (tiempo, dinero, algo personal, etc.)? Comparta algunas ideas con su grupo.

5. Si aprendemos a cultivar todo lo que Dios nos da, rendirá grandes recompensas para nosotros.

Día 28

¡La Belleza de Arabia!

"Pero cuando agradó a Dios, que me apartó desde el vientre de mi madre, y me llamó por su gracia, revelar a su Hijo en mí, para que yo le predicase. Entre los gentiles, no consulté en seguida con carne y sangre... Ni subí a Jerusalén a los que eran apóstoles antes que yo; sino que fui a Arabia, y volví de nuevo a Damasco." (Gálatas 1:15-17)

Aquí hay una verdad interesante acerca de caminar con Jesús: Cuando Saulo de Tarso (ahora el apóstol Pablo) se encontró cara a cara con Cristo en el camino a Damasco, su encuentro fue tan poderoso y tan real que lo cambió. Puedes leer este encuentro completo en el Libro de los Hechos capítulo 9.

Lo interesante del encuentro de Saulo (que, por cierto, fue increíble) es lo que hizo Saulo después. Si recuerdas la historia, fue cegado por la luz que brillaba en el cielo y luego permaneció ciego durante unos 3 días. Fue Ananías quien le abrió los ojos al imponerle las manos y orar para que Saulo fuera lleno del Espíritu de Dios.

Poco después de esto, Saulo no volvió con todos los antiguos apóstoles para consultarles sobre su conversión a Cristo no, se dirigió al desierto de Arabia. Y te podrías preguntar ¿A Arabia? Sí, al desierto para estar a solas con Dios.

Muchos eruditos creen que en Arabia es donde Dios reveló por Su Espíritu, las 13 epístolas al cuerpo de Cristo. Arabia se convirtió en su terreno de alimentación para la revelación divina.

No es de extrañar por qué el Apóstol Pablo fue tan fuerte y poderoso al hablar y tratar con los grupos religiosos de su época. Este hombre no solo había visto a Cristo cara a cara en el camino a Damasco, sino que ahora había escuchado a Cristo hablándole cara a cara en el desierto de Arabia.

Saulo ciertamente se convirtió en un hombre de Dios por revelación divina y fue movido con tal certeza.

A medida que perseguimos el corazón de Dios en nuestras propias vidas, debemos prestar atención al patrón que se nos presentó en el gran apóstol Pablo. Debemos aspirar a ser un pueblo de conocimiento revelador y no sólo de información. Esto es lo que hace toda la diferencia en nuestra experiencia con Dios. Nos hemos acostumbrado a la enseñanza sencilla sin la unción. Estamos acostumbrados a escuchar sermones que no dicen gran cosa. La dieta regular para la mayoría de los cristianos consiste en nada más que un sermón rápido los domingos y tal vez un mensaje cortó a medias el miércoles y posiblemente una reunión de oración sin enfoque en otro día de la semana.

Déjame decirte mi amigo, debe haber algo más que la norma. Debemos encontrar nuestra propia experiencia arábica en el desierto del quebrantamiento y la búsqueda frenética del propio corazón de Dios.

Hasta que nos convirtamos en un pueblo de revelación, solo seguiremos siendo un pueblo de información.

¡Hora de Sentarse Bajo Su Sombra y Aprender!

1. ¿Se ha encontrado con Cristo cara a cara o ha tenido un encuentro sobrenatural? Comparte con tu grupo de estudio.

2. ¿Anhela su corazón más de Su presencia? Comparte tu corazón con el grupo.

3. La revelación y la información son dos cosas separadas. ¿Sabe usted la diferencia? Por favor comparta con el grupo y comente la diferencia

4. Si ha tenido una revelación del Señor, compártala con el grupo. ¿Hubo alguna vez un punto en el que el Espíritu Santo vino a guiarte personalmente a través de algo? Comparta esto en su grupo de estudio

5. Nunca te conformes con lo que tienes sepa que siempre hay más en el río de Dios Comparta el pensamiento y ore de vuelta con el grupo.

Día 29

¡Hasta Que Esté Satisfecho!

**La sanguijuela tiene dos hijas que dicen: ¡Dame!,
¡dame!
Tres cosas hay que nunca se sacian;
Y una cuarta que nunca dice: ¡Basta!
El Seol, la matriz estéril,
La tierra que no se sacia de aguas,
Y el fuego que jamás dice: ¡Basta!** (Proverbios 30:15-
16)

Esta mañana aquí en Su presencia, he estado meditando sobre este proverbio, y mi espíritu está saltando
dentro de mí con alegría por él. ¡Todo lo que puedo
decir es que Dios es asombroso en todos sus caminos!
Si pudiera agregar algo a este versículo, probablemente diría algo como esto: y cinco, ¡sed y hambre por

un caminar más profundo con Dios! Me encanta este verso. Supongo que mi corazón puede ver la profundidad de esto y anhela presionar más profundamente en el corazón del Señor. ¡Algo dentro de mí dice que hay más de Él para mí! No puedo dejar de buscar, buscar, anhelar y anhelar más de Su presencia en mi vida. ¡Me siento completamente nuevo esta mañana en Su asombrosa presencia!

Al perseguir (al Señor) como dijo el salmista, uno debe darse cuenta de que estos deseos no son enseñados por ningún hombre. ¡Esto es como un profundo llamado a lo profundo! Esto viene de la sala del trono de Dios directamente a nuestro hombre-espíritu que está dentro de nosotros.

Un maestro solo puede hacer el esfuerzo de mostrarte la verdad y, en oración, inspirar nuestros corazones y mentes para obtener mejores resultados de los que ya tenemos, o en la vida de un estudiante, solo podemos recibir en nuestro ser espiritual lo que ha sido discernido espiritualmente y no mucho más. Por favor comprenda que información no es lo mismo que revelación. En el modo de información, uno escucha con su oído natural y ve con su ojo natural y reflexiona con su intelecto natural, pero no mucho más que eso. Ahora bien, los creyentes que andan por revelación son los que oyen y ven en el Espíritu. En otras palabras, su hombre interior capta un atisbo de la esencia de Dios en lo profundo de su interior. Esto no se puede enseñar a nivel intelectual o nivel metafísico.

Jesús le dijo a Nicodemo: Lo que es nacido de la carne, carne es; y lo que es nacido del Espíritu, espíritu es (ver Juan 3 y leer el discurso entre Jesús y Nicodemo).

Esto es lo que tengo que decir cuando se trata de obtener más del Señor: Escuche lo que el Espíritu del Señor dentro de usted le está pidiendo; escuche atentamente al Espíritu y haga lo que Él le pide que haga. ¡Nada trae más satisfacción y alegría al corazón humano que cuando uno está alineado con Dios!

¡*Hora de Sentarse Bajo Su Sombra y Aprender!*

1. ¿Está satisfecho en su caminar personal con Dios? Discuta esto con su grupo de estudio.

2. ¿Crees que Dios tiene mucho más para tu vida (carrera, trabajo, ministerio, familia, económica, emocional, física, etc.)? Comente esta idea con su grupo.

3. ¿Alguna vez te has sentido enfermo de amor por Dios? Comparte tu experiencia con el grupo.

4. Información vs. Revelación. ¿Puedes describir la diferencia? Discuta estas palabras con el grupo.

5. Nada trae más alegría al corazón humano que cuando estamos obedeciendo al Espíritu Santo.

Día 30

¡La Vida Que Vivo Ahora!

"Con Cristo estoy juntamente crucificado, y ya no vivo yo, sino que Cristo vive en mí; y lo que ahora vivo en la carne, lo vivo en la fe del Hijo de Dios, el cual me amó y se entregó a sí mismo por mí." (Gálatas 2:20)

Cuando se trata de la fe cristiana, muchos parecen tomarla muy a la ligera. De hecho, algunos se llaman a sí mismos cristianos sólo porque les gusta lo que representa el cristianismo, las enseñanzas de Jesús.

Les gusta el cristianismo porque es un estilo de vida bien definido que promueve buenos valores y principios; además, produce como fruto la buena conducta. He hablado con personas a las que les encanta juntarse con gente cristiana, porque son personas que no suelen beber y se portan bien. Aunque todo esto puede ser cierto, ¡esto no es cristianismo verdadero!

Veamos Gálatas 2:20 para una definición clara de lo que significa ser un verdadero cristiano o al menos la base de lo que implica ser uno.

Para empezar, el apóstol Pablo nos cuenta su propia experiencia cristiana y cómo empezó todo. Comienza diciendo: **"He sido crucificado con Cristo…"**. En otras palabras, Pablo está diciendo que personalmente llevó su vida a la cruz (no literalmente, sino en sentido figurado) para imitar a Jesús debe haber un efecto de muerte en el yo, si hemos de comprender alguna vez lo que es el verdadero cristianismo.

Pablo continúa su discurso y dice: **"Ya no vivo yo, sino que Cristo vive en mí"**.

Como Pablo murió a sí mismo (en sentido figurado), invita a Cristo a ser el que vive a través de él ahora.

¿Lo ve?

Se ha producido un intercambio. ¡Ya no es Pablo quien vive, sino Cristo! La clave aquí es que cuando el que entra en el reino de Dios entrega su vida a Dios, ellos experimentan el poder del Espíritu Santo que viene a morar en ellos mismos.

La vida que uno vive ahora debe ser una vida de fe. Tan pronto como Cristo entra, la fe se activa para que se pueda vivir una vida llena del espíritu. El hombre o mujer de fe será ahora llevado a ir a lugares donde Dios lo llevará, decir las cosas que Dios quiere que diga, hacer las cosas que Dios quiere que haga, pensar y procesar de la manera que Dios lo hace, etc.

Si eres un verdadero cristiano, eso significa que eres guiado por el Espíritu de Dios dondequiera que vayas. Tú debes ser el juez si eres un verdadero cristiano o no.

¡Hora de Sentarse Bajo Su Sombra y Aprender!

1. ¿Eres cristiano? ¿Por qué estás tan seguro?

Comparta su experiencia con su grupo de estudio.

2. ¿Entiendes lo que dijo Pablo cuando dice en Gálatas 2:20: Con Cristo estoy juntamente crucificado, y ya no vivo yo, sino que Cristo vive en mí"? Discuta este concepto con su grupo.

3. ¿Has comenzado a vivir una vida de fe, o todavía estás esperando que algo más te guíe? Discuta con su grupo y comparta su propia experiencia.

4. ¿Le resulta difícil dar un paso de fe y hacer la voluntad de Dios? Discute con tu grupo.

5. Para ser un verdadero cristiano, debes experimentar la cruz de Cristo. Si no has experimentado morir a ti mismo, entonces te será más difícil caminar con Cristo. Comparte este pensamiento con tu grupo.

Día 31

¡El Engaño del Encanto y la Belleza!

"Engañosa es la gracia, y vana la hermosura; La mujer que teme a Jehová, ésa será alabada." (Proverbios 31:30)

El encanto y la belleza son para un ser humano lo que un buen trabajo de pintura es para un automóvil. La gente a menudo se enamora de las partes externas del mundo, con poca o ninguna consideración por lo interno. Creo que esta forma de ver la vida siempre existirá en nuestro mundo.

En el Proverbio que estoy analizando para ti, sentí que el Espíritu Santo quería que compartiera cuán fáciles son las personas atraídas por las cosas externas y cómo se preparan para el fracaso al poner sus afectos en las cosas de la tierra.

No es de extrañar por qué Pablo dijo en Colosenses 3:1 **"Si, pues, habéis resucitado con Cristo, buscad las cosas de arriba, donde está Cristo sentado a la diestra de Dios".**

El hombre espiritual siempre tiene consigo una inclinación hacia las cosas espirituales; es más fácil para el hombre espiritual discernir la realidad de las cosas en comparación con la persona que está atrapada en lo externo. Mirar lo externo es realmente no ver las cosas como son en realidad. Uno debe mirar más allá y discernir con habilidad espiritual lo que Dios realmente le está mostrando.

Veamos ahora este versículo en detalle.

El autor de este Proverbio dice: **"Engañosa es la gracia, y vana la hermosura; La mujer que teme a Jehová, ésa será alabada".**

En otras palabras, todo lo que tus ojos están viendo, el encanto y la belleza, todo esto pasa. No ha llegado para quedarse contigo ni con nadie. En el mismo versículo dice que **"Engañosa es la gracia..."**

Lo que puedes ver con tus ojos literalmente te está mintiendo. Está mintiendo a tus cinco sentidos; sin embargo, ¡no miente al hombre espiritual que puede discernir!

El mismo Proverbio afirma que es **"vana la hermosura"**.

En otras palabras, la belleza envejecerá. Si ponemos nuestra confianza en la belleza, ¡estaremos tristemente decepcionados! ¿Lo logra ver?

Ahora, la buena noticia sobre este versículo es que la comparación de la belleza y el encanto ni siquiera se acerca a alguien que teme al Señor: **"La mujer que teme a Jehová, ésa será alabada"**.

Al tratar con lo externo, el encanto y la belleza de una mujer desaparecen rápidamente, pero si sus corazones están en sintonía con Dios y ella teme al Señor, será alabada.

¡Hora de Sentarse Bajo Su Sombra y Aprender!

1. El encanto y la belleza son engañosos y pasajeros. Comparta con su grupo de estudio sobre este tema y discútalo profundamente. Es importante tener una buena perspectiva sobre lo interno y lo externo.

2. ¿Alguna vez te has enamorado de los aspectos externos, solo para descubrir que no estaban bien? Comparte esto con el grupo.

3. En Colosenses 3:1, nos exhorta a que no pongamos nuestros afectos en las cosas de la tierra. ¿Qué significa esto para usted? Explique y comparta con el grupo.

4. El discernimiento es muy importante para que todo creyente verdadero lo cultive. ¿Cómo es tu discernimiento en asuntos espirituales? Comparte con el grupo.

5. Aprende a ver detrás del velo del mundo externo inauténtico. No compre algo de inmediato; consulte al Señor para ver si esto es lo que tiene reservado para usted. Comparta este pensamiento con su grupo y discuta.

Día 32

¡Todo es Vanidad!

"No negué a mis ojos ninguna cosa que desearan, ni aparté mi corazón de placer alguno, porque mi corazón gozó del fruto de todo mi trabajo; y ésta fue la recompensa de toda mi faena. Miré yo luego todas las obras que habían hecho mis manos, y el trabajo que tomé para hacerlas; y he aquí, todo era vanidad y perseguir el viento, y sin sacar provecho debajo del sol". (Eclesiastés 2:10-11)

¿Alguna vez has leído el libro de Eclesiastés? Es una lectura obligada para todos los que deseen conocer las intenciones del corazón de Dios. También a menudo, los creyentes no se sumergen profundamente en las verdades de Dios y, por lo tanto, al no entender lo que dice la palabra eterna de Dios, se pierden el plan eterno de Dios.

En estos pocos versículos, tenemos la revelación del rey Salomón, que en mi opinión, tiene que ser una de las confesiones más honestas que he escuchado. La mayoría de la gente no quiere abrir su corazón y compartir cualquier cosa profunda con los demás. Sienten vergüenza por las actitudes que han tenido, o las decisiones que han tomado, decisiones que les llevaron al desamor e incluso la tristeza.

Me resulta interesante que el rey Salomón fuera muy honesto acerca de algunos de sus sentimientos más profundos, y podemos aprender de esto.

Dijo que cualquier cosa que sus ojos desearan, cualquier cosa que su corazón quisiera, no les negaba ninguna cosa placentera. Continúa diciendo que "su corazón se regocijaba en todo su trabajo", y veía todas las cosas buenas como recompensas por todo el trabajo de su corazón.

¡Desenfrenado!

Aquí es donde veo a muchas personas hoy en día, enamoradas del materialismo. Lo que sea que quieran, ¡sienten que necesitan tenerlo! "Después de todo", dicen, "¡somos los hijos del Rey!". ¿Alguna vez has caído en estos pensamientos tan tontos?

Después de esto, el rey Salomón dijo: **"...Miré yo luego todas las obras que habían hecho mis manos y el trabajo que tomé para hacerlas; y he aquí, todo era vanidad y perseguir el viento, y sin sacar provecho debajo del sol..."**

¿No es este el camino en el que muchos han caído? ¿No se parece mucho a nosotros? ¡Tenemos el privilegio de recibir algo (una bendición) y luego nos excedemos!

¡Eventualmente, este tipo de estilo de vida nos llevará al lugar donde terminaremos comprometiendo nuestras convicciones y terminaremos sirviéndonos a nosotros mismos y no a Jesús, el Señor!

Para terminar, el rey Salomón se dio cuenta de que todo era vanidad y avaricia por el viento. ¡Que el Señor abra nuestros ojos para que podamos ver con Sus ojos!

¡Hora de Sentarse Bajo Su Sombra y Aprender!

1. Vivir para Jesús debe vivirse con el corazón y la mente abiertos ante el Señor. ¿Te resulta difícil hacer esto? Comparte con tu grupo de estudio

2. ¿Cuándo fue la última vez que tuviste una experiencia con Dios, y el Espíritu Santo realmente te sacudió hasta la médula? Comparte tu experiencia con tu grupo.

3. El rey Salomón dijo que cualquier cosa que sus ojos desearan, y cualquier cosa que su corazón deseara, él nunca les negaría nada. ¿Cómo te sienta esto? ¿Cuáles son sus pensamientos sobre esto? Comparte con el grupo.

4. El mensaje de prosperidad que escuchamos

hoy en los círculos cristianos tiene que ser uno de los malentendidos más grandes que se enseñan hoy. ¿Cuál es su visión de la prosperidad? Compártelo con el grupo.

5. El rey Salomón llegó a un punto de su vida en el que se dio cuenta de su error de exceso y dijo: **"Miré yo luego todas las obras que habían hecho mis manos y el trabajo que tomé para hacerlas; y he aquí, todo era vanidad"**. ¿Sientes que necesitas **"mirar todas las obras de tus manos"** y evaluar tu propia vida? Comparta con su grupo sus pensamientos sobre esto.

Día 33

¡El Tudor!

"Así que la ley vino a ser nuestro guía encargado de conducirnos a Cristo, para que fuéramos justificados por la fe. Pero, ahora que ha llegado la fe, ya no estamos sujetos al guía". (Gálatas 3:24-25)

Cuando meditaba, oraba y ayunaba mientras escribía, llegué a este pasaje que presenta el tema de la ley de Dios. La ley de Dios es buena para nosotros, nos enseña lo que Dios quiere y espera de Sus hijos y lo que no quiere.

Muchos han construido doctrinas sobre este tema, algunos han construido currículos, otros han construido iglesias basadas en toda esta doctrina y algunos incluso han construido denominaciones completas. ¡Sí, denominaciones enteras!

En el libro de los Hechos, vimos que esto se convirtió en un problema con los judaizantes. Sintieron que los creyentes necesitaban, junto con su fe en Cristo, seguir la ley de Moisés. Esto no sentó bien para el Apóstol Pablo, y él los llamó por esta enseñanza errónea.

¿Qué tiene esta enseñanza que genera tanta controversia? Los eruditos y los que estudian apologética han intervenido con su punto de vista al respecto, mientras que otros simplemente hicieron lo mismo, sin siquiera saber por qué.

Una Visión Clara

Ahora, el libro de Gálatas nos enseña acerca de la ley de Dios. Nos dice específicamente que la ley de Dios es nuestro tutor para llevarnos a Cristo. ¡En la ley de Dios, encontramos cuán malvados, egoístas y descarriados somos! Nos enseña que somos pecadores; dice que estamos perdidos y deshechos sin Cristo.

El trabajo de la ley es enseñarnos cuán necesitados estamos de la dádiva de Dios a través de Jesucristo. Llamarnos la atención y, con suerte, ayudarnos a darnos cuenta de lo perdidos que estamos. ¿Logra ver esto?

Una vez que la ley de Dios ha hecho su trabajo, depende de nosotros arrepentirnos de nuestros pecados aceptando el regalo gratuito de Cristo de la salvación a través de su sangre, que fue derramada en la cruz del Calvario. Mantengamos la ley de Dios siempre delante de nosotros, ¡pues ella nos empuja continuamente hacia Jesús!

¡Hora de Sentarse Bajo Su Sombra y Aprender!

1. ¿Has mirado la Ley de Dios y has descubierto lo imperfecto que eres? Nada revela nuestros defectos como la Ley de Dios. Comparta con su grupo de estudio si esto resuena con usted y cómo lo hace.

2. ¿Cuántas veces has evaluado tu vida según la Ley de Dios y gracias a la Ley de Dios has podido

encontrarte de nuevo en el corazón de Dios? Por favor comparta esto con el grupo y discuta

3. Cuando piensas en la palabra tutor, ¿qué te viene a la mente? Discuta esto con el grupo

4. La palabra tutor describe a una persona nombrada para cuidar a un niño pequeño, entrenar su comportamiento público y mantenerlo a salvo. Comparta esta definición con el grupo y estúdiela más a fondo.

5. ¿Has permitido que la Ley de Dios sea tu tutor? Comparta con el grupo acerca de su propio encuentro personal con la Ley de Dios.

Día 34

¡Hasta Que Cristo Sea Formado!

"Queridos hijos, por quienes vuelvo a sufrir dolores de parto hasta que Cristo sea formado en ustedes". (Gálatas 4:19)

Quiero agradecer al Señor por su gran poder y su amor cada vez mayor hacia mí. ¡La misericordia que Él ha concedido no sólo a mí, sino a todos los que lo han hecho Salvador y Señor! Él ha sido fiel de muchas maneras y confío en que seguirá estando allí hasta el final de los tiempos.

Cuando pienso en el Señor, mi corazón se derrite con el deseo de conocerlo. Comprender Su corazón ardiente por mí y cuán intensamente desea mostrarme Sus caminos, Sus caminos eternos, es irreal. Rezo a diario para que estos sentimientos de amor que tengo por mi Rey nunca disminuyan mientras viva aquí en la tierra. Otra cosa que deseo del Señor es que mi apetito por conocerlo, también arda siempre con intensidad. ¡Yo preferiría morir antes que perder el fuego!

¡Labor de Parto!

Al leer el pasaje de Gálatas 4:19, tuve que hacer una pausa y meditar más profundamente sobre lo que Pablo les estaba diciendo a estos Gálatas recién convertidos. Pablo obviamente estaba preocupado por su bienestar espiritual y no quería que entrara ninguna secta y les robara lo que Cristo les había dado.

Les dijo claramente que tenían que abrir los ojos y no dejarse engañar por falsas enseñanzas. Fue sólo a través de Cristo que habían encontrado su salvación. Pablo tomó esto personalmente. Sintió que era su padre espiritual y necesitaba vigilar a estos jóvenes conversos, **"hasta que Cristo fuera formado en ellos"**.

El trabajo de ayudar a las personas a desarrollar una vida espiritual fuerte nunca es fácil. De hecho, creo que es una de las cosas más difíciles de hacer.

En el ministerio del Señor, uno debe estar siempre consciente de la madurez espiritual de los recién convertidos. No podemos dejar que se den cuenta de las cosas importantes.

Debemos tener la intención de discipularlos hasta que puedan valerse por sí mismos.

¡Hora de Sentarse Bajo Su Sombra y Aprender!

1. ¿Experimentas el amor diario de Dios? Explique de qué manera ha experimentado esto. Comparte con tu grupo de estudio

2. ¿Qué significa para ti estar enamorado de Dios? Discútalo con su grupo

3. Pablo amaba a los gálatas. estaba preocupado

por su relación con Dios. Él no quería que los judaizantes, o cualquier otro grupo de culto que estuviera
enseñando enseñanzas erróneas, los desviaran del
camino. ¿Eres consciente de alguna enseñanza falsa
que hayas detectado? Discute con tu grupo y comparte.

4. **"Hasta que Cristo sea formado en vo-
sotros..."** ¿Qué significan estas palabras significan para
ti? Por favor comparta con su grupo y discuta

5. Creo que formar creyentes es el trabajo de
la iglesia. El Espíritu Santo comenzará una obra profunda en ellos, ¡pero la iglesia debe llevarlos al lugar
donde puedan alimentarse!

Día 35

¡Cuando la Luna de Miel
ha Terminado!

"Vale más el fin de algo que su principio. Vale más la paciencia   que la arrogancia." (Eclesiastés 7:8)

Quiero sumergirme en este versículo específico, ya que el Espíritu del Señor me está moviendo a escribir.

El final de una cosa es mejor que su comienzo, sí, pero ¿por qué? La mayoría de nosotros tendemos a elogiar a aquellos que se lanzan a nuevas empresas o nuevas oportunidades, apoyando todos sus esfuerzos y deseándoles lo mejor en su viaje. Creo que siempre debemos apoyar a aquellos que liberan la visión y el talento que Dios les ha dado.

En todo esto, nosotros, que hemos tenido un poco más de experiencia en el lanzamiento de nuestros proyectos, entendemos el período de la luna de miel. ¡Este es el período en el que las emociones son intensas, las cosas mejoran y la gente nos apoya; parece que todo va genial!

Primero, cuando enfrentamos la adversidad en nuestra aventura, nuestra paciencia será probada, o segundo, ¡nuestro orgullo carnal saldrá a la luz! Hasta este punto, todavía no nos hemos dado cuenta de la realidad de lo que nos espera mientras navegamos por nuestro proyecto. Entonces, de repente, sin previo aviso, ¡el fondo se cae! Todo cambia y nos quedamos con la duda.

Por lo tanto, creo que el final de una cosa es mejor que el principio, y he aquí por qué.

Verá, al comenzar nuestros proyectos con gran anticipación y entusiasmo, el trabajo de nuestras manos será probado. Será probado hasta la médula. A medida que avanzamos a través de cada adversidad, nuestro carácter está siendo moldeado y moldeado, por lo que la línea de las Escrituras que sigue es la que dice: **"El paciente de espíritu es mejor que el orgulloso de espíritu"**.

Hay dos cosas que se manifestarán en nuestro viaje:

Primero, cuando enfrentamos la adversidad en nuestra aventura, nuestra paciencia será probada, o segundo, ¡nuestro orgullo carnal saldrá a la luz! Una vez más, nuestras vidas serán puestas en exhibición y el Señor las verá en pleno florecimiento. ¿Entiende lo que está pasando aquí?

Solo porque seguimos a Dios con todo nuestro deseo y nos apoyamos en el Señor con toda nuestra pasión para servirle, no significa que seremos probados. Recuerde siempre que nuestras vidas están constantemente bajo prueba por el Espíritu del Señor.

¡Hora de Sentarse Bajo Su Sombra y Aprender!

1. ¿Conoces a alguien que haya incursionado en un nuevo proyecto? ¿Cuál fue su respuesta a su nueva empresa? ¿Fuiste solidario? Comparta con su grupo de estudio y discuta.

2. Sabiendo que muchas pruebas y tribulaciones esperan a quienes se aventuran en nuevos emprendimientos, apóyenlos de la mejor manera posible a través de la oración y las palabras de aliento.

3. Cualquiera que crea que debe tomar medidas para abrir un ministerio, un negocio o formar una familia, siempre debe calcular el costo. ¡El costo es caro! Sea sabio y planee su futuro de la mejor manera que pueda. Discuta este punto con su grupo y comparta su propia visión y corazón.

4. En sus propias palabras, describa qué significa para usted **"El fin de una cosa es mejor que su principio"**. Comparta su definición con el grupo

5. La Escritura dice que a través de la paciencia heredaron las promesas. Aunque el viaje pueda parecer largo, llegará a su fin. ¡Sigue caminando hacia adelante!

Día 36

¡Estará Bien!

"Aunque el pecador haga mal cien veces, y prolongue sus días, con todo yo también sé que les irá bien a los que a Dios temen, los que temen ante su presencia; y que no le irá bien al impío, ni le serán prolongados los días, que son como sombra; por cuanto no teme delante de la presencia de Dios." (Eclesiastés 8:12-13)

He estado meditando sobre este verso y es verdaderamente una forma asombrosa de pensar cuando se trata de juzgar a los pecadores.

Creo que con demasiada frecuencia pensamos que los pecadores perdidos (personas que aún no conocen a Jesús como Señor y Salvador) parecen salirse con la suya con todos los pecados que cometen. Casi parece que Dios no mira todas sus malas acciones o simplemente, ignora su necedad.

Mirando de afuera hacia adentro, parece que los pecadores perdidos van ¡impune de algunos de los crímenes más atroces cometidos contra las personas y contra Dios! "No es justo", he oído decir a algunos. Incluso podríamos pensar que se están saliendo con la suya con tanta injusticia y que no hay nadie que defienda nuestra causa. Sin embargo, ¡esto no podría estar más lejos de la verdad!

En Eclesiastés, el escritor el rey Salomón confirma una verdad sobrecogedora. Él dice **"Yo también sé que les irá bien a los que a Dios temen, los que temen ante su presencia."**

En esencia, el Rey Salomón está diciendo: 'Mira, sé que parece que los pecadores se salen con la suya con un montón. No sé cuánto, pero sé que lo hacen. La verdad honesta es que realmente no me preocupo por cuántas veces se salen con la suya con el pecado, pero una cosa sí sé: ¡Sé que les irá bien a los que temen a Dios!'

En lugar de permitirnos amargarnos y enojarnos a causa de los malhechores, debemos orar para que Dios tenga misericordia de ellos; baste saber que vendrán algunos días difíciles dentro de muy poco tiempo. Escuche lo que dice la Escritura: **"No le irá bien al impío, ni le serán prolongados los días."** Al no temer al Señor, el pecador perdido se prepara para el fracaso. Destruirán sus bendiciones en su propia generación y ¿quién sabe si la próxima generación sobrevivirá a la generación anterior?

¡Hora de Sentarse bajo Su Sombra y Aprender!

1. ¿Alguna vez has sentido que los pecadores perdidos se salen con la suya con su pecado? Comparte con tu grupo de estudio.

2. ¿Alguna vez te has preguntado cuándo se acerca es el castigo? ¿Cuál fue tu actitud? Comparte lo que has aprendido de esta emoción

3. ¿Qué significa para ti "Temer al Señor"? Explique y comparta su definición con el grupo.

4. A los que temen al Señor, les va bien. ¡Aquellos que no temen al Señor, eventualmente, todo el infierno se desatará sobre ellos! ¿Has experimentado esto en tu propia vida? Comparte tu historia con el grupo.

5. El temor del Señor es el principio de la sabiduría. Con todo lo que tienes dentro de ti, entrégate al temor del Señor. ¡Aprende a reverenciarlo en todas las cosas! Comparte tu pensamiento con tu grupo

Día 37

¡Con Todas Tus Fuerzas!

"Todo lo que te viniere a la mano para hacer, hazlo según tus fuerzas; porque en el Seol, a donde vas, no hay obra, ni trabajo, ni ciencia, ni sabiduría." (Eclesiastés 9:10)

¡Qué asombroso principio universal es este! Todo lo que te viniere a la mano para hacer, hazlo según tus fuerzas. Creo que una vez que comprendamos la profundidad de este principio en particular, transformará nuestro pensamiento sobre cómo hacemos nuestras tareas diarias.

A menudo escucho a los adolescentes decir: ¡Estoy aburrido!

¿Por qué están aburridos? ¿Qué hay en su entorno que no les gusta? ¿Qué es lo que les hace odiar su situación actual? ¿Es la vida realmente tan aburrida? ¿O es que todavía no tienen una visión para ello?

¡Es difícil hacer cualquier cosa con todas tus fuerzas, cuando no tienes nada que hacer!

He visto la misma actitud en adultos. Están aburridos y sienten que sus vidas no van a ninguna parte rápidamente. Trabajan, tienen una familia, van a la iglesia, pero no tienen una imagen completa de la vida. Algunos de estos siervos de Dios solo hacen lo que se espera que hagan, ¡pero no mucho más que eso!

Cuando las personas buscan promociones, generalmente no saben por qué las necesitan, aparte de la idea de que les hará ganar más dinero. Es realmente un lugar triste estar en el Señor, sin saber lo que Dios tiene reservado para ti.

¡En la Carne!

En la carne, o en el poder del alma, muchos han realizado grandes cosas. Han hecho grandes hazañas para sus empresas, para sus familias e incluso en algún tipo de entorno religioso. Si hiciste lo que hiciste con todas tus fuerzas, bien. Obtendrás tu justa recompensa de aquellos por quienes lo hiciste.

¡Visión Eterna!

Ahora bien, si hicieres con tu mano la voluntad del Señor, y lo hiciste con todas tus fuerzas, ¿Te imaginas lo que hizo Dios con lo que le ofreciste? Si hiciera lo que hizo pensando en un valor eterno, ¡cuán grandes serían los dividendos de esa inversión!

¡Hora de Sentarse Bajo Su sombra y Aprender!

1. ¿Tienes una visión para tu vida? Si lo tiene, compártalo con su grupo de estudio y discútalo.

2. Al perseverar por más de Dios en tu vida, ¿lo haces con todas tus fuerzas, o lo haces cuando te con-

viene? Compártelo con el grupo.

3. En la carne o el alma, todos podemos quedar bien frente a la gente y para la gloria de la gente. En realidad, son las personas las que nos darán nuestra recompensa. Repase este punto y compártalo con su grupo.

4. ¿Ha desarrollado esta ética de trabajo? ¿La ética de trabajar para los demás con todas tus fuerzas? Comparte con el grupo.

5. ¡Solo vivimos una vez! Si no lo hacemos nosotros, ¿quién lo hará? Si no es ahora, entonces ¿Cuándo? Medite sobre estas palabras y discútalas en grupo..

Día 38

¡Reconócete!

"Si el hacha pierde su filo, y no se vuelve a afilar, hay que golpear con más fuerza. El éxito radica en la acción sabia y bien ejecutada." (Eclesiastés 10:10)

En esta palabra profética, escuché al Señor decirme: "David, siempre debes reconocerte a ti mismo".

No estaba muy seguro de lo que el Señor quiso decir con esto, así que volví a preguntar, ¡y Él lo aclaró de la manera más asombrosa! Permíteme compartir esto contigo.

Cuando alguien está lleno de sí mismo, como decimos de las personas que son arrogantes y orgullosas y tienen un gran ego, es muy difícil que ese individuo vea algo malo en su actitud, en su forma de pensar, en sus acciones y en su visión general de la vida.

Las personas que están llenas de sí mismas no ven el mundo desde una perspectiva realista. Ahora, ellos tienen conocimiento, el único problema es que ¡es conocimiento sin sabiduría! En otras palabras, saben mucho, pero no saben cuándo compartirlo. La mayoría de estas personas no saben cuándo callarse, no se dan cuenta de que han ofendido a alguien y no tienen ni idea de cuándo reducir la velocidad o ir más rápido en un asunto. ¡Y estos, mis amigos, son personas que no se reconocen a sí mismas!

Permítanme compartir con ustedes un poco sobre este versículo y por qué creo que habla de nuestro tema en este momento.

La Escritura dice: **"Si el hacha pierde su filo, y no se vuelve a afilar."**

Lo que esto significa es que aquellos que están llenos

de sí mismos, aquellos que no reconocen los hechos, siguen martillando hasta que se agotan y abandonan la vida por completo. Con el tiempo, abandonarán su búsqueda de la salud, su búsqueda de buenas relaciones, su ambición de promoción; sí, dejarán su trabajo, su matrimonio y, finalmente, abandonarán su fe en Cristo.

Cuando uno está quemado debido al uso de mucha fuerza debido a un hacha desafilada, eventualmente deja de luchar por lo que cree. Esté atento y aprenda a reconocerse.

Por último, la Escritura cierra diciendo: **"El éxito radica en la acción sabia y bien ejecutada."**

Esto es obvio. Cualquiera que se ponga a reflexionar y mirar reconocerá lo que se necesita hacer para tener éxito. Tómese un tiempo para hacer todos los cambios y arreglos necesarios y posicionarse para el éxito. El éxito no sucede automáticamente; ¡sólo le sucede a quien sabe leer los signos de los tiempos!

¡Hora de Sentarse Bajo Su Sombra y Aprender!

1. Las palabras, llenas de sí mismas, ¿qué significan para ti? Discútalo con su grupo de estudio

2. ¿Has sido culpable de estar lleno de ti mismo? Este es un momento para sincerarse con su grupo y compartir su corazón sobre el asunto. Escuche mientras otros comparten los suyos también.

3. La Escritura dice: "Si el hacha pierde su filo, y no se vuelve a afilar" ¿Qué significa esto para usted? Explique y comparta con el grupo.

4. ¿Ha experimentado un hacha desafilada al tratar de hacer algo y simplemente no estaba funcionando para usted? Comparta con su grupo.

5. La sabiduría trae éxito es un conjunto de palabras poderosas. Encuentra la sabiduría en todo lo que lees, estudias y escribes. Será gratificante a largo plazo. Comparte estos pensamientos con tu grupo.

Día 39

¡Aprendiendo a Sembrar Continuamente!

"Por la mañana siembra tu semilla, y a la tarde no dejes reposar tu mano; porque no sabes cuál es lo mejor, si esto o aquello, o si lo uno y lo otro es igualmente bueno." (Eclesiastés 11:6)

En la vida, he llegado a saber que a menos que estés presionando hacia adelante, estarás retrocediendo. No es que deseemos retroceder, pero al igual que la gravedad, nuestras vidas gravitarán hacia atrás por la simple naturaleza de vivir en este mundo.

Esta es la razón por la cual la gente siempre nos desafía a seguir adelante. Es posible que incluso escuches a algunos de los entrenadores en un gimnasio local decir: ¡Tú puedes hacerlo! ¡No te rindas! ¡Una vez más!

¿Por qué tanto empujar y presionar para ir más profundo, más rápido y más largo? Porque en todo trabajo hay ganancia. **"En toda labor hay fruto; Mas las vanas palabras de los labios empobrecen."** (Proverbios 14:23)

Si sigues adelante, eventualmente, ¡algo bueno saldrá de ello! Esta es la idea.

También he descubierto que la actitud de un ganador se basa en estas sabias palabras. Las personas que son campeones en la vida y ganadores en la mayoría de las áreas (relaciones, finanzas, vida espiritual, vida emocional, carrera, vocación o vida comercial, etc.) de sus vidas practican estos principios.

Entienden que para poder llegar del punto A al punto B, se debe actuar no solo una vez, sino innumerables veces. ¡Se necesita riesgo, esfuerzo y trabajo duro para lograr los avances que estamos buscando!

La Escritura dice que por la mañana y por la tarde se

debe sembrar. No lo hagas solo una vez, sino muchas veces. ¿Por qué? Porque no sabemos cuándo brotarán las semillas, o cuáles finalmente darán fruto.

No seas sólo un ganador en la vida, sé también un estudiante de la vida. ¡Aprende a dar hasta que no tengas nada más que dar!

¡Hora de Sentarse Bajo Su Sombra y Aprender!

1. Trabajar duro es verdaderamente una invitación al éxito. El hombre que habla y no hace nada, ¡nada obtiene! Discuta este punto de vista con su grupo de estudio.

2. La Escritura dice que en todo trabajo hay ganancia. ¿Qué significa esta escritura para ti? Comparta su entendimiento con tu grupo.

3. A menudo, las personas tienden a darse por vencidas cuando no ven ningún fruto. Hay una razón por la cual la gente hace esto. ¡No dejes que este seas

tú! ¡Aprende a presionar hasta que veas brotar los nuevos brotes! Comparte con tu grupo.

4. Una de las cosas que debemos aprender a hacer como siervos de Dios es ser creativos con los dones que Dios nos ha dado. El Señor puede llamarte a servirle de una forma u otra. Tómese el tiempo para descubrir las muchas formas en que puede cumplir la voluntad de Dios. Comparte con el grupo tus pensamientos y pregunta para ver qué piensan.

5. Aprende a sembrar continuamente. ¡No te arrepentirás! Reflexionen sobre este pensamiento en grupo.

Día 40

¡El Llamamiento Inicial del Hombre!

"La conclusión de todo el discurso oído es ésta: Teme a Dios, y guarda sus mandamientos; porque esto es el todo del hombre." (Eclesiastés 12:13)

De todas las cosas de las que podemos hablar en nuestro entendimiento de Dios, y los miles de temas espirituales que podemos leer y estudiar, nada es más valioso que captar lo que es verdaderamente importante para el corazón de Dios: ¡temerle y guardar Sus mandamientos!

En el lugar al que Dios me ha llevado en mi breve caminar con Él, he aprendido un par de cosas acerca de hacer las cosas que le agradan; ¡Yo también he aprendido y me he aferrado firmemente a las cosas que no le agradan!

En este caminar con el Espíritu de Dios guiándome, también he conocido la tentación, el pecado, la lucha, el miedo, la duda, y he sucumbido a muchas de estas cosas; sin embargo, en su misericordia y con un amor cada vez mayor por mí, ¡he encontrado mi salida del abismo!

He aprendido a andar en el Espíritu, pero también he dado paso a la carne. He seguido mis deseos carnales demasiadas veces, pero también he aprendido a dar mi vida por causa del llamado.

¡Muchas veces he gemido, llorado y quejado, pero muchas veces he corrido al asiento de misericordia y he encontrado ayuda durante mi tiempo de necesidad!

Digo todo esto para decir que en el asombroso plan de Dios, la vida se puede vivir al máximo de su potencial, si uno se entrega al temor del Señor, abraza sus mandamientos y ¡ponlos por obra!

"Teme a Dios, y guarda sus mandamientos; porque esto es el todo del hombre"- dijo el Rey Salomón.

¿Deberíamos aceptar el consejo de este hombre que experimentó la riqueza, la sabiduría y la riqueza? ¡Seríamos sabios en tomar consejo de él! Nada puede enseñarnos con más fuerza que un hombre que lo probó todo y descubrió que no era más que vanidad.

En la parte lateral de su vida, el Rey Salomón, en esencia estaba diciendo, ¡Mira! Lo he hecho todo, lo he tenido todo, y por muy bonitas que sean las cosas exteriores, son vanidad en el reloj de la eternidad. ¡No se deje engañar por las cosas, más bien tema a Dios y simplemente obedézcale en todos Sus caminos!

¡Hora de Sentarse Bajo Su Sombra y Aprender!

1. La Escritura dice que temer a Dios y guardar Sus mandamientos es el todo del hombre. ¿Cuál es tu opinión al leer estas poderosas palabras? Comparta con su grupo de estudio lo que esto significa para ust-

ed.

2. ¿Cuál es su definición de "temeroso de Dios"? ¿Qué significa para ti temer a Dios? Hable de esto con su grupo.

3. ¿Qué otros temas has estudiado en tu Biblia que crees que también son de gran valor? Comparte con el grupo.

4. Evaluar nuestra vida regularmente no solo es importante sino también saludable. ¿Cuándo fue la última vez que hiciste una evaluación honesta de ti mismo?

5. El rey Salomón es el retrato de un hombre sabio y próspero. Fue el rey más rico que jamás haya existido en su época y experimentó mucho bajo el sol. A pesar de que lo tenía todo, quedó cegado por su éxito. Toma su vida como una advertencia y aprende a permanecer firme en Dios. Habrá muchos desafíos, pero teme a Dios y cumple Sus mandamientos; si lo haces, ¡cosecharás los beneficios de una vida recta!

Para Mas Recursos . . .

La mayoría de los productos de Shabar Publications están disponibles con descuentos especiales por cantidad para compras al por mayor para promociones de ventas, recaudación de fondos y necesidades educativas, favor de escribir a Shabar Publications al correo electronico:

mayorga1126@gmail. com

Para la compra de más libros escritos por David Mayorga, visite nuestra librería en:

www.shabarpublications. com